STRATO COTUGNO

Meine Leidenschaft für die
italienische Küche

unter Mitarbeit von
Federica Cotugno
Gianmarco Cotugno
mit Fotos von
Hendrik Kossmann
und Malte Plutat

Ellert & Richter Verlag

CONTENUTI
Inhalt

11
LA PREFAZIONE
Vorwort
Manfred Bissinger

19
RISTORANTE
IL CANTUCCIO

43
LE RICETTE DI BASE
ED I CONTORNI
Grundrezepte und Beilagen

44
L'IMPASTO DEL PANE
Brotteig
L'IMPASTO DELLA PASTA
Pastateig

45
IL FONDO DI PESCE
Fischfond

46
IL BRODO VEGETALE
Gemüsebrühe

47
LA SALSA DI POMODORO
Tomatensoße

48
LA SALSA VERDE
Salsa Verde

49
IL RISOTTO ALLA MILANESE
Risotto Milanese

50
LA MAIONESE
Mayonnaise

Contenuti – Inhalt

51
IL PESTO
Pesto
LE LENTICCHIE
Linsen

52
I BROCCOLI
Brokkoli
IL PURÈ DI PATATE
Kartoffelpüree

53
LE PATATE AL ROSMARINO
Rosmarinkartoffeln
LE ZUCCHINE
Zucchini

54
GLI SPINACI ALL'AGLIO
Spinat mit Knoblauch
I FAGIOLI
Weiße Bohnen

55
L'INSALATA
Salat mit Soße

Alle Rezepte sind für
4 Personen berechnet.

57
GLI ANTIPASTI
Vorspeisen

60
TARTARE DI TONNO CON PATATE DOLCI
Thunfischtatar mit Avocado und Süßkartoffelpommes

63
SAUTÈ DI FRUTTI DI MARE
Sautierte Meeresfrüchte in Weißweinsoße

64
CARPACCIO DI SALMONE CON CAPESANTE
Lachscarpaccio mit Jakobsmuscheln und gebratenem Porree

67
POLIPO ALLA NERANO
Oktopustentakel mit frittierten Zucchini auf Provolonesoße

68
MARE E MONTI
Gebratene Garnelen mit gemischten Pilzen und
weißen Bohnen

71
PARMIGIANA DI MELANZANE
Auberginenauflauf

72
TARTUFACCIO
Gratinierte Kartoffelscheiben mit Asiagokäse und Trüffel

Contenuti – Inhalt

75
FIORI DI ZUCCA RIPIENI DI RICOTTA
Frittierte Zucchiniblüten gefüllt mit Ricottakäse

76
BRUSCHETTA IL CANTUCCIO
Bruschetta mit Burrata, Paprika und Forellenkaviar

79
QUAGLIA SU LETTO DI LENTICCHIE
Wachteln auf Linsensalat mit Balsamico

80
FEGATO DI VITELLO CON FICHI CARAMELLATI
Kalbsleber mit karamellisierten Feigen

83
VITELLO TONNATO
Kalbsfleisch mit Thunfischsoße und Kapern

85
LA PASTA
Pasta

88
CAPELLINI ALLA CAROLINA
Dünne Spaghetti in leicht pikanter Tomatensoße

91
FUSILLI AL PESTO GENOVESE
Fusilli mit Pesto Genovese und Pinienkernen

92
LINGUINE AI FRUTTI DI MARE
Linguine mit Meeresfrüchten

95
RISOTTO AGLI ASPARAGI E TARTUFO
Risotto mit grünem Spargel und Trüffel

96
PACCHERI CON SALSICCIA
Paccheri mit Vesuvtomaten, Salsiccia und salziger Ricotta

99
SPAGHETTI CACIO E PEPE CON MELANZANA FRITTA
Spaghetti Cacio e Pepe mit frittierten Auberginen

100
FETTUCCINE CON BURRATA E CARCIOFI
Fettuccine mit Burrata und gebratenen Artischocken

103
MINI RIGATONI CON POLIPETTI ALLA LUCIANA
Mini Rigatoni mit Babyoktopus, Tomaten,
Oliven und Kapern

Contenuti – Inhalt

105
IL PESCE
Fisch

108
CODA DI ROSPO CON PIMIENTOS E POMODORINI
Seeteufel mit Pimientos und Tomaten

111
ROMBO IN CROSTA DI PATATE
Steinbutt in Kartoffelkruste

112
TONNO SCOTTATO AL SESAMO
Thunfisch-Sashimi in Sesamkruste mit Avocadocreme

115
RICCIOLA AL PROFUMO DI LIMONE
Kingfish in Zitronensoße

116
BRANZINO IN CROSTA DI PANE
Wilder Wolfsbarsch in Brotkruste

119
MERLUZZO ALLA LIGURE
Kabeljau mit Tomatensoße, Oliven und Kapern

120
CACCIUCCO ALLA LIVORNESE
Toskanischer Fischtopf

123
LA CARNE
Fleisch

127
BOCCONCINI DI MANZO
Rinderroulade mit Knoblauch und Rosmarin

128
PULCINO ALLA DIAVOLA
Stubenküken nach Teufelsart

131
COSTOLETTE DI IBERICO CON CREMA DI FINOCCHIO
Ibericokoteletts auf Fenchelsoße

132
TAGLIATA DI MANZO CON GORGONZOLA E PISTACCHI
Rindfleisch-Tagliata mit Gorgonzolasoße und Pistazien

135
OSSOBUCO IN GREMOLADA
Geschmorte Kalbshaxe mit Gremolada

136
ROGNONI DI VITELLO TRIFOLATI
Kalbsnieren mit Pilzen der Saison und Schalotten

139
SCALOPPINA ALLA NAPOLETANA
Kalbsschnitzel überbacken mit Tomaten und Parmesan

141
IL DESSERT
Dessert

145
TIRAMISU CON BISCOTTI AL FARRO
Tiramisu mit hausgemachten Dinkel-Löffelbiskuits

146
CANNOLO SCOMPOSTO
Zersetzte Cannoli mit Ricottacreme und Pistazien

149
CHEESECAKE AI FRUTTI DI BOSCO
Cremiger Cheesecake mit Waldbeeren

150
PROFITEROLES CON CREMA DI MASCARPONE
Windbeutel gefüllt mit Mascarponecreme

153
TORTINO AL CIOCCOLATO
Schoko-Soufflé mit flüssigem Kern und Vanilleeis

154
CREMA AL CARAMELLO
Cremiger Flan mit Karamellsoße

BISCOTTI DELLA TRADIZIONE
Hausgemachte Biskuits aus verschiedenen Regionen Italiens

157
BRUTTI MA BUONI
Italienische Nussmakronen

158
BISCOTTI DI PASTA FROLLA
Kekse mit kandierten Kirschen

159
BACI DI DAMA
Damenküsschen

160
MERINGHE
Baiser

161
CANTUCCINI
Mandelkekse

Contenuti – Inhalt

163
GLI APERITIVI ED I COCKTAIL
Aperitifs und Cocktails

166
CLEMENTINO

169
ITALIAN TRENTASEI

170
GIN MARCO

173
ESPRESSO MARTINI

174
NEGRONI

177
INFINE
Zum guten Schluss

178
I DIECI CONSIGLI DI STRATO
Strato's zehn Empfehlungen

179
I NOSTRI MENU PREFERITI
Unsere Lieblingsmenüs

182
I FOTOGRAFI
Fotografen

183
GLI AUTORI
Autoren

184
LA DEDICA
Widmung

185
I RINGRAZIAMENTI
Danksagung

186
IL REGISTRO DELLE RICETTE
Rezeptregister

192
IMPRESSUM
Impressum

LA PREFAZIONE
Vorwort

Manfred Bissinger

La Prefazione – Vorwort

TONI:
„Du sollst erstmal einen ordentlichen Beruf erlernen.
Dann sehen wir weiter."

STRATO:
„Wieso? Ich will keinen Umweg nehmen und lieber gleich kochen!"

TONI:
„Das ist nicht so leicht, glaube ja nicht,
dass Du vom zugucken etwa kochen kannst."

STRATO:
„Doch und was ich nicht kann, das lerne ich in Hamburg."

Sprachs und stand 20 Stunden später vor der Tür seines Bruders Toni im *L'Èuropeo* in Hamburg. Strato Claudio Vittorio hatte noch nie in eine Profi-Küche gesehen, aber da Familienblut in seinen Adern pulsierte, lenkte der große Bruder ein und betraute den Neuankömmling mit den so bezeichneten „kalten Tellern".

Und dieser Strato ging seinen Weg zum begnadeten Koch. Geboren im frühlingshaften Mai 1963 in Neapel als sechstes Kind seiner Eltern wuchs er als der Jüngste mit drei Brüdern und zwei Schwestern auf. Die Eltern arbeiteten am Strand in der Bucht von Neapel, der Vater betreute die Getränke und die Liegestühle, die Mutter versorgte aus einem kleinen Kiosk die Gäste mit Tramezzini, Salaten und Pasta.

Der kleine Strato tummelte sich früh und gern an Mammas Seite; er schnippelte Gemüse, Salat, trug aus und erwies sich schnell als gelehriger Assistent der Mutter. Sie war sein Vorbild, ihr eiferte er nach und nicht – wie zu vermuten wäre – irgendeinem Torjäger des SSC Neapel. Mutters seit Generationen überlieferten Rezepte hatte er verinnerlicht und so reisten sie mit ihm nach Hamburg, wo der älteste Bruder Toni nach einer Laufbahn als Kellner und Barmann mit einem Freund ein italienisches Restaurant eröffnet hatte. Nach dem frühen Tod der Eltern (Strato war 12 beim Tod der Mutter, 13 als der Vater starb) sollte der junge Mann auf Wunsch des Familienrates eine Lehre als Elektrohandwerker abschließen, was den aber so ganz und gar nicht interessierte. Ihn reizte schon damals das Abenteuer. Noch heute erinnert Strato das Telefonat mit seinem Bruder Toni, kurz bevor er den Zug nach Deutschland besteigen wollte.

Und Strato wäre nicht Strato, wenn er sich nicht drei Wochen nach Ankunft von „kalten Tellern" abgewandt und auf Pasta, Fisch und Fleisch gestürzt hätte. Toni: „Strato hat schnell gelernt und begann schon früh, neue Gerichte zu entwickeln, die sensationell waren."

Beide Brüder waren Autodidakten und verstanden sich schon deshalb gut. Für beide stand der Zusammenhalt, die gegenseitige Unterstützung und die Treue zur Familie an erster Stelle.

Es überrascht wenig, wenn Stratos Kinder Federica und Gianmarco, die eine umfassende Ausbildung zum Business Manager genossen haben, inzwischen im Betrieb mitarbeiten.

Familie steht eben in italienischen Gastro-Dynastien ganz obenan. Bei Strato war die Mitarbeit der Kinder nicht nur erhofft, sie war mehr als erwünscht. Und doch hat er beiden eine alternative Ausbildung ermöglicht. Sie sollten frei sein in ihrer Entscheidung. Dass sie sich für den Vater entschieden haben, ist für den Padrone ein Glücksfall. So hat er mehr Zeit für die kreative Weiterentwicklung seiner Küche. Die elende Bürokratie, die Buchhaltung, die Kredite, die Steuern und das Marketing sind seine Sache nicht. Er weiß sie bei Federica in besten Händen. Und das kleine Imperium der Cotugno wächst und wächst, augenblicklich werkeln 10 Mitarbeiter in der Küche und 12 organisieren den Service. Getreu dem Motto: „Ein erfolgreiches Restaurant ist ein Gesamtkunstwerk. Atmosphäre und Ambiente, Qualität und Service – alles muss stimmen."

Doch zurück zu Strato Cotugno: 1981 war er aus Neapel ins Ristorante des Bruders gekommen, hatte schnell Verantwortung übernommen und begann dem Tag entgegenzufiebern, an dem er seine Fesseln sprengen und sich selbständig machen konnte.

Den ersten Schritt gingen die Brüder zur Jahrtausendwende 2000 noch gemeinsam, als sie das „Morellino" gründeten. Zehn Jahre später war es dann so weit. Strato warf sich selber ins kalte Wasser und übernahm das „Sale e Pepe" an der Sierichstraße. Strato erkochte sich schnell eine Stammkundschaft und startete – vergeblich – seine erste Expansion. Auf dem Bordstein vor dem Lokal wollte er Tische platzieren. Denn ein Italiener ohne Außen-Gastronomie ist kein richtiger Italiener. Das galt in Hamburg nicht immer, aber seit nun zwei Jahrzehnten gehört der Service unter freiem Himmel zum gewünschten Angebot der Gäste. Aber die Behörde sagte „Nein". Doch die Grenzen, die das Amt für das Lokal im Zwischengeschoss an der Sierichstraße festlegte, mochte Strato nicht akzeptieren. Er wollte einen weiteren Meilenstein in seiner Karriere setzen: Raus aus der Sackgasse des Souterrains, hinein in die gleißende Welt des Eppendorfer Boulevards mit Freitreppe in das Hochparterre.

Symbolisch war es der Wechsel von der rustikalen zur Spitzen-Gastronomie. Strato überzeugte ein weiteres Mal den großen Bruder, ihm seine Anteile am „Morellino" zu überschreiben. Der war einsichtig, getreu dem neapolitanischen Sinnspruch: „Eine Tür geht zu, ein großes Tor geht auf." Und so kam es auch. Strato fasste seinen ganzen Mut zusammen, entfaltete sein unternehmerisches Gen und aktivierte, wie er später sagte, „mein Vertrauen in mich selbst", und baute aus „Morellino" sein neues Lokal. Als erstes schleifte er den Namen, fortan prangte „Il Cantuccio" in goldenen Lettern an der Fassade.

Das Interieur und die Atmosphäre kreierten Federica und ihre Mutter Antonella zusammen mit dem Studio Piergianni. Sie sorgten dafür, dass die Handwerker die Gaststube in ein modernes, aber dennoch behagliches Ristorante in warmen Tönen gehalten mit großen Schwarz-Weiß-Fotos an den Wänden verwandelten. Freundlichkeit kann ansteckend sein.

Dazu hatte Strato – mutig und unerschrocken, wie er ist – erst einmal viel Geld investiert, aber sein Selbstbewusstsein, seine Ideen, gepaart mit seiner Geschmackssicherheit und der denkbar besten Ware, brachten ihm erneut Erfolg ein. „Il Cantuccio" prosperierte und schon bald war ohne Vorbestellung kein Tisch mehr zu ergattern. Das Ristorante avancierte zum In-Place. Spätestens jetzt müssten hier Stratos feine und feinste Gerichte ausgebreitet werden, aber denen ist der ganze Rest dieses umfangreichen Buches vorbehalten, inklusive Rezepte und Tipps für die Zubereitung.

Die neapolitanische Küche, die Strato von seiner Mutter gelernt und die diese wieder von ihrer Mutter beigebracht bekommen hatte, die eben seit Generationen durch die Familie wanderte, ist eine der köstlichsten Regionalküchen Italiens. Wir kennen und lieben von unseren Reisen die toskanische, die venezianische, die römische oder die sizilianische Variante. Sie sind uns ebenso bekannt wie vertraut. Die neapolitanische lebt von und mit der Lage am Wasser, dem (noch vorhandenen) Reichtum an Fisch und Krustentieren. Sie ist auf einmalige Weise aromenreich, dabei eher einfach und geradeaus.

Dazu passt, dass die Neapolitaner für sich in Anspruch nehmen, die Erfinder der Pizza zu sein. Am besten sind solche mit möglichst wenigen, aber sehr frischen Zutaten. Berühmtes Beispiel: die Pizza Margherita. Ihr Rand gestaltet sich eher wulstig, in der Mitte bleibt der Teig aber dünn und lässt damit den Geschmack der Beigaben (Tomaten, Büffelmilch-Mozzarella, Basilikum) besonders intensiv hervortreten.

Es gibt viele typisch neapolitanische Gerichte, fast alle sind unkompliziert, Aromen zentriert und leben von den frischen Zutaten. Bei Strato gehört dazu, von seinen Neapelreisen zur Familie immer wieder gut bepackt in die Eppendorfer Landstraße zurückzukehren. Beispielsweise mit dem köstlichen Provolone del Monaco oder seltenen Gemüsen. Längst hat sich auch ein direkter Lieferverkehr für Spezialitäten zwischen Kampanien und Hamburg etabliert.

Zu Stratos Leidenschaften gehört das Experiment. Seine Gäste lieben seine Kreationen. Selbst bei den für jedes italienische Restaurant unverzichtbaren Pasta geht er neue Wege. Den üblichen Hartweizen ersetzt er schon mal durch Dinkel und feiert damit Überraschungserfolge.

Bei guten Italienern, und das „Il Cantuccio" mit Strato ist ein sehr guter, spielen Speisekarten eine eher untergeordnete Rolle. Der mittägliche Lunch und das abendliche Dinner entstehen oft im Dialog der Gäste mit dem Padrone. Will schreiben, die Speisenfolge wird ausgehandelt. Flexibilität und die grundlegende Bereitschaft der Küche zur Vielfalt bestimmen immer öfter das Verhältnis der Gäste zu ihrem Ristorante. Im „Il Cantuccio" agieren Chef und Mitarbeiter als Botschafter beider Seiten. Sie sind gleichermaßen entspannt und unaufgeregt, zuvorkommend und kompetent, allen voran Massimo, der stets gut gelaunte, stimmgewaltige und gerne zu Scherzen aufgelegte Betriebsleiter.

La Prefazione – Vorwort

Der überzeugende Erfolg nach kurzer Zeit und ein guter Sommer auf der ungewöhnlich großen und stets gut besuchten Terrasse beflügelten Strato und seine Familie schon bald zu einem weiteren ebenso waghalsigen wie mutigen Schritt. Als das benachbarte Ladenlokal eines Frisörs frei wurde, griff Signor Strato erneut zu. Da beide Flächen auf einer Ebene lagen, bot sich ein Durchbruch an, der mit einem edlen Kettenvorhang beide Räume trennt, von denen der neue mit einer großen Bar ausgestattet ist. Hinzu kam noch der einmalige Vorteil: Die beliebte Terrasse auf dem Eppendorfer Flanierboulevard war über Nacht doppelt so groß geworden.

Mal abwarten, was dem kreativen Strato Cotugno noch alles einfallen wird. Jüngste Errungenschaft ist dieses Kochbuch.

Sicher ist, bei allem, was er noch vorhat, werden seine persönlichen Grundkomponenten Leben und Arbeit bestimmen:

LUST,

weil er niemals zögert, seine ganze Kraft und Kreativität in den Dienst seiner Küche zu stellen

---

LIEBE,

weil seine Küche und das dazugehörige „Il Cantuccio" für ihn, neben seiner Familie, zur No.1 seines Lebens geworden sind

---

LEIDENSCHAFT,

weil er für seinen Erfolg brennt und niemals aufhören wird, den Genuss für seine Gäste zu verfeinern!

Viva Strato, viva Italia!

RISTORANTE IL CANTUCCIO

LA STORIA
Die Geschichte

Einst trug das Cantuccio den Namen *Morellino* und befand sich in der Sierichstraße. Von 2000 bis 2016 haben hier Strato und Toni Cotugno die Gäste mit der feinen italienischen Küche verwöhnt und sich einen Namen in der Hamburger Gastronomie gemacht. Anschließend bekam das Ristorante einen neuen Anstrich und hat dabei den Namen gleich mit geändert. Fortan begeisterte das Il Cantuccio seine Gäste mit einem neuen Konzept der Gastfreundlichkeit und der mediterranen Küche. Der nächste Schritt in der Unternehmensgeschichte wurde 2017 gesetzt, als das Il Cantuccio von der Sierichstraße auf den heutigen Standort in der Eppendorfer Landstraße gewechselt ist.

    Seitdem ist auch unser hervorragender Betriebsleiter Massimo Benincasa sowie viele weitere Kolleg:innen Teil des mittlerweile 20-köpfigen Teams, welches die Gäste mit ihrem Charme und ihrer italienischen Herzlichkeit begeistern. Im Jahr 2019 wurde die Fläche um das Nachbargebäude erweitert – und bekam den Namen ILC Bar, mit dem Ziel, Mittagstisch sowie eine breite Anzahl von Cocktails anbieten zu können. Beide Teile des Restaurants vermischten sich mehr und mehr. Deshalb treten die Il Cantuccio Bar (ILC) und das Ristorante seit 2022 als ein Il Cantuccio auf. Strato und seine Kinder Federica und Gianmarco sowie Massimo sorgen für den Erfolg des Hauses.

Wer ihn – nein, seine Kochkünste – nicht kennt, der hat etwas verpasst.
Leider schon länger kein wirklicher Geheimtipp mehr,
aber der Qualität und der Freundlichkeit hat es keinen Abbruch getan.
Hier ist eigentlich alles Besonders, insbesondere der Genuss
für den Gaumen – und darauf kommt es in einem guten
Restaurant ja auch an. In seinem Restaurant Il Cantuccio serviert
Patron Strato Cotugno eine feine mediterran inspirierte Küche
und sorgt mit saisonalen Gerichten für Abwechslung und
kulinarische Vielfalt.

Rotherbaum magazin

IL RISTORANTE
Das Restaurant

Unser Motto lautet: „Der Gast muss glücklich aus dem Restaurant gehen." Daher sorgen wir nicht nur mit dem richtigen Ambiente, sondern auch mit dem richtigen Essen und Service für ein Erlebnis, das den Begriff „Geschmack" auf vielen Ebenen miteinander verbindet.

Die Bezeichnung „Cantuccio" heißt so viel wie „ruhiger, abgelegener Ort". Unser Credo lautet daher: Sorgfalt, Abwechslung und Liebe indem, was wir tun.

Das spiegelt sich nicht nur in unseren frisch zubereiteten Gerichten, sondern auch in der Einrichtung wider.

Der elegante, italienische Stil soll unseren Gästen eine warme und gemütliche Atmosphäre bieten, während sie regionale Spezialitäten aus Italien und seinen Provinzen genießen oder den Abend bei einem charaktervollen Wein ausklingen lassen.

Schon möglich, dass die Vapianoisierung von Pasta und Pizza
der italienischen Gastronomie Hamburgs sogar zugutekommt.
Man kann jedenfalls beobachten, dass die Speisekarten der
„echten" Italiener in letzter Zeit fantasievoller werden.
So zu sehen im Cantuccio. Der Name, nicht zu verwechseln mit dem
Gebäck Cantuccino, bedeutet so viel wie ruhiger Winkel.
Und wirklich verbirgt sich das Restaurant ein wenig in einer Ladenzeile
an der Eppendorfer Landstraße – außer wenn es warm ist.
Dann kommen Tische auf den breiten Bürgersteig, und Eppendorf
wird mediterran. Dass der Chef aus Neapel stammt,
würde man nicht meinen. Pizza hat er auf die Kinderkarte verbannt.
Auch Tomaten und Knoblauch werden nur sehr zurückhaltend eingesetzt.

Michael Allmeier – Kolumnist Die ZEIT

IL BAR
Die Bar

Im Jahr 2019 haben wir die Möglichkeit bekommen, unsere Restaurantfläche zu erweitern und einen benachbarten Gebäudeteil zu übernehmen. Das haben wir uns nicht zweimal sagen lassen und daraufhin mit der Planung eines neuen Bereichs begonnen:

Die ILC Bar (Il Cantuccio-Bar) ist seither für eine vielseitige Auswahl an Cocktails und für ein extravagantes Ambiente bekannt, aber auch als idealer Spot für ein spontanes Mittagessen oder einen anregenden Geschäftstermin in urbanem Flair.

Unsere Barkeeper sind kreativ, probieren neue Drinks aus und können auch individuelle Wünsche umsetzen. Geführt wird die Bar von Stratos Sohn Gianmarco Cotugno.

Für mich ist es das wichtigste,
überall Freunde zu finden und möglichst ein italienisches Restaurant.
Um den Tisch herumsitzen, Unsinn reden, essen, trinken, lachen –
das ist die Hauptsache.

Marcello Mastroianni

L'AMBIENTE
Das Ambiente

Was unsere Einrichtung und unsere Speisen gemeinsam haben? Beides basiert auf handgefertigten Einzelstücken: eine mit besten Zutaten versehene und mit viel Liebe zubereitete italienische Küche, italienische Bisazza-Fliesen, Tische aus Terrazzo-Stein und Lampen aus Murano-Glas sind nur wenige von vielen Elementen, mit denen das Il Cantuccio für ein italienisches Ambiente fernab vom Standard sorgt. Es kommt nicht zu selten vor, dass selbst langjährigen Gästen nochmal ein neues Detail auffällt. Aber wie wir zu sagen pflegen: *Niente é come sembra.*

Erdfarben und Grautöne, ein paar goldene Akzente.
Man fühlt sich gleich wohl im neuen Gastraum von Strato Cotugno,
der 1981 aus Neapel nach Deutschland kam und seitdem „Hamburg liebt".
Er folgte seinem Bruder Toni, Chef des „L'Europeo" in Othmarschen,
das von den Gästen seit Jahrzehnten Top-Bewertungen erhält.
Doch Stratos „Cantuccio" muss sich nicht verstecken.
Die Preise, nun ja, sie unterscheiden sich vom üblichen Stadtteilitaliener –
erfreulicherweise aber auch die Qualität der Speisen.

---

morgenpost

LA CUCINA
Die Küche

Leidenschaft, Liebe für das Detail und ein großes Herz: Der Inhaber und Küchenchef des Il Cantuccio, Strato Cotugno, blickt auf eine abwechslungsreiche Vergangenheit zurück, die ihn auf seinem Weg zu seinem Ristorante geprägt hat.
Dazu gehören nicht nur eine jahrelange Erfahrung in der Küche, sondern auch sein zweites Kochbuch, in dem er sein ganzes Wissen von der einfachen, traditionellen und guten italienischen Küche zusammengefasst hat.
Strato Cotugno wählt immer die besten Zutaten für seine Gerichte aus, frisch, saisonal und höchste Qualität.

Man kann es nur immer wieder betonen:
Die italienische Küche ist nicht nur Pizza und Pasta,
sondern lebt von ihrer Artenvielfalt und dem Respekt vor besten
natürlichen Zutaten. Deshalb ist es optimal,
einen Italiener zu finden, der vor allem die faszinierende Vorspeisenvielfalt
des Landes regional, saisonal und oberlecker auf den Teller bringt.
Zum Glück gibt es genau diesen: Der bravouröse Strato Cotugno,
vormals 28 Jahre Küchenchef im L'Europeo, serviert in
seinem Il Cantuccio in Eppendorf die Küche meiner Träume,
Pflicht ist hier der „Reigen der Vorspeisen".

Gerd Rindchen – Weinexperte und Gastrokritiker

LE RICETTE DI BASE ED I CONTORNI

Grundrezepte und Beilagen

Le Ricette di Base ed i Contorni – Grundrezepte und Beilagen

L'IMPASTO DEL PANE
Brotteig

Zutaten

- 500 g Mehl
- 350 ml Wasser Zimmertemperatur
- 7 g Hefe
- 19 g Salz

Zubereitung

Mehl mit Wasser vermengen, Hefe in Wasser zerbröselt verrühren, in den Teig einkneten. 3 Stunden bei Zimmertemperatur gehen lassen. Für den Fisch den Teig ausrollen (s. S. 116), aber man kann auch kleine Brote herstellen. Den Teig zu einem Brot formen und bei Umluft 180 °C ca. 50–60 Minuten backen.

Tipp: Für den Fisch kann der Teig einen Tag vorher zubereitet werden, dann 2 Stunden vorher aus dem Kühlschrank nehmen.

L'IMPASTO DELLA PASTA
Pastateig

Zutaten

- 500 g Mehl
- 4 Eier
- ½ TL Salz
- 2 EL Olivenöl

Zubereitung

Das Mehl auf die Arbeitsfläche geben, eine Mulde in die Mitte drücken, in die man die aufgeschlagenen Eier, Salz und Öl gibt. Zunächst mit einer Gabel Eier verquirlen, nach und nach das Mehl einarbeiten, schließlich alles mit den Händen gründlich verkneten. Eventuell einige Löffel Wasser zugeben, um die ideale Konsistenz zu erreichen. So lange kneten, bis der Teig elastisch ist und die Oberfläche glänzt – das dauert etwa 10–15 Minuten. Bei Zimmertemperatur mindestens eine Stunde ruhen lassen. Die Arbeitsfläche bemehlen, den Teig ca. 2 mm dünn ausrollen und in die gewünschte Form schneiden, je nachdem wofür der Nudelteig gebraucht wird.

Le Ricette di Base ed i Contorni – Grundrezepte und Beilagen

IL FONDO DI PESCE
Fischfond

Zutaten

1 kg	Fischköpfe und -gräten (möglichst von Seezunge und Steinbutt, nicht von fetten Fischen wie Lachs)
1	Möhre
1	Stängel Staudensellerie
100 g	Lauch
5–6	Pfefferkörner
1	Lorbeerblatt
100 ml	Weißwein
1 Tl	Salz
1 L	Wasser

Zubereitung

Das Gemüse putzen und kleinhacken, mit einem Liter Wasser aufsetzen, die Gewürze und den Weißwein zugeben und aufkochen. Die gewaschenen Fischteile hinzufügen und alles 20 Minuten leise kochen lassen. Durch ein Sieb geben.

Tipp: Fonds und Brühen sind die Grundlage jeder guten Soße oder Suppe. Natürlich kann man ein Rezept zur Not auch mit Instantbrühen zubereiten. In solchen Fällen sind aber die in Gläsern erhältlichen Fonds vorzuziehen. Für die häusliche Küche lohnt es sich, Fonds auf Vorrat zuzubereiten und portionsweise einzufrieren.

Le Ricette di Base ed i Contorni – Grundrezepte und Beilagen

IL BRODO VEGETALE
Gemüsebrühe

Zutaten

1	große Zwiebel
1	große Möhre
2	Stängel Staudensellerie
1–2	Knoblauchzehen
	nach Geschmack Salz
1 l	Wasser

Zubereitung

Die Zwiebel mit der Schale vierteln. Möhre waschen und grob zerschneiden, Sellerie waschen und in Stücke schneiden. Alles mit 1 l Wasser aufkochen, nach Belieben den Knoblauch zufügen. 30 Minuten bei schwacher Hitze ziehen lassen. Abseihen und mit Salz würzen. Eine einfach und schnell herzustellende Brühe, z. B. für Risotti und Gemüsesuppen.

Le Ricette di Base ed i Contorni – Grundrezepte und Beilagen

LA SALSA DI POMODORO
Tomatensoße

Zutaten

1 kg	aromatische Tomaten
50 g	Zwiebeln, feingehackt
4 EL	Olivenöl
	Salz

Zubereitung

Die Tomaten kreuzweise einritzen, 1 Minute mit kochendem Wasser überbrühen, herausnehmen, in kaltem Wasser abschrecken und enthäuten.
Zwiebeln in Olivenöl anschwitzen.
Die Tomaten grob zerkleinern und nach Belieben dabei die Kernchen entfernen. Zu den Zwiebeln geben. Zugedeckt 15–20 Minuten durchkochen. Für feinere Gerichte nochmals durch ein Sieb streichen.

Tipp: Man kann diese Grundsoße auch sehr gut mit *pelati* zubereiten, geschälte Tomaten aus der Dose, oder mit Tomatenfleisch in Stücken aus der Fertigpackung. Diese Produkte werden in den Anbaugebieten aus vollreifen Früchten hergestellt und sind oft aromatischer als die bei uns frisch angebotenen Tomaten.

Le Ricette di Base ed i Contorni – Grundrezepte und Beilagen

LA SALSA VERDE
Salsa Verde

Zutaten

2 Bund	Petersilie
1 Bund	Basilikum
8	Scheiben altbackenes Toastbrot
4–6 EL	Weißwein
200 g	Frühlingszwiebeln
100 g	Spinat
200 g	abgezogene Mandeln
400 g	abgetropfte Gewürzgurken
¼ l	Olivenöl
	Salz, Pfeffer

Zubereitung

Die Kräuter waschen und abtropfen lassen, die Blätter von den Stielen zupfen.
Das Brot mit dem Weißwein tränken. Frühlingszwiebeln putzen und grob zerkleinern. Spinat gründlich waschen und verlesen. Gurken grob zerkleinern.
Alle Zutaten bis auf das Öl in einem Mixer pürieren. Nach und nach das Olivenöl zufügen.
Mit Salz und Pfeffer abschmecken.

Tipp: Die Salsa Verde hält sich bis zu fünf Tage im Kühlschrank, wenn man eine Schicht Olivenöl draufgibt.

Le Ricette di Base ed i Contorni – Grundrezepte und Beilagen

IL RISOTTO ALLA MILANESE
Risotto Milanese

Zutaten

1	Zwiebel
2 El	Butter
300 g	Vialone nano Reis
1	Glas Weißwein
1 l	Gemüse- oder Fleischbrühe
1 Msp	Safran
2–3	Rinderknochen (Mark)
2 El	Butter
50 g	Parmesan

Zubereitung

1 feingehackte Zwiebel in 2 EL Butter anschwitzen,
300 g Vialone nano (oder einen anderen italienischen Rundkornreis) zugeben und glasig werden lassen,
1 Glas Weißwein dazugeben und verdampfen lassen,
1 l Gemüse- oder Fleischbrühe nach und nach angießen.
1 Messerspitze Safran und das abgelöste Mark von
2–3 Rinderknochen unterrühren. Bei schwacher Hitze unter gelegentlichem Umrühren zugedeckt ausquellen lassen (ca. 15 Minuten).
Vor dem Servieren noch 2 EL Butter und 50 g frisch geriebenen Parmesan unterziehen.

Le Ricette di Base ed i Contorni – Grundrezepte und Beilagen

LA MAIONESE
Mayonnaise

Zutaten

2	Eigelb
	Prise Salz
	Pfeffer aus der Mühle
2 Tl	Zitronensaft
1/8 l	Olivenöl
1/8 l	neutrales Öl
	(z. B. Sonnenblumenöl)

Zubereitung

Eigelb mit Gewürzen und 2 TL Zitronensaft schaumig schlagen. Nach und nach das Öl einarbeiten – erst tropfenweise, später in größeren Quanten. Immer erst alles gut verrühren, dann weiteres Öl zugeben, wenn die vorhergehende Menge aufgenommen worden ist. Die Mayonnaise zum Schluss noch einmal mit den Gewürzen und Zitronensaft abschmecken.

Tipp: Wichtig ist, dass alle Zutaten Raumtemperatur haben. Dann kann die Mayonnaise bei Tisch nicht zerlaufen. Am besten mit einem Schneebesen arbeiten oder mit einem Holzlöffel – Holz fördert die innige Verbindung der Zutaten. Am schnellsten geht es mit dem elektrischen Stabmixer. Dann können Sie statt zwei Eigelb ein ganzes Ei verwenden. Für ein weniger intensives Olivenaroma kann man das Olivenöl teilweise durch Sonnenblumen- oder Sojaöl ersetzen.

Le Ricette di Base ed i Contorni – Grundrezepte und Beilagen

IL PESTO
Pesto

Zutaten

2 Bd.	Basilikum
2	Knoblauchzehen
50 g	Pinienkerne
50 g	Parmesan
50 g	Pecorino
4–5 EL	Olivenöl
	Salz

Zubereitung

Basilikum waschen, trocknen und die Blätter abzupfen. Die Knoblauchzehen, die Pinienkerne und das Basilikum zusammen mit 4 EL Olivenöl in einen Mixer geben und pürieren. Parmesan und Pecorino fein reiben und mit etwas Salz in einer Schüssel mit der Basilikumpaste verrühren. Die Konsistenz soll cremig sein. Eventuell noch Olivenöl dazugeben.

Tipp: Das Pesto hält sich mit Olivenöl bedeckt bis zu 4 Tage im Kühlschrank.

LE LENTICCHIE
Linsen

Zutaten

300 g	kleine, dunkle Berglinsen
1	Zehe Knoblauch
1	Peperoncino
2 EL	Olivenöl
1–2	Fleischtomaten, gehackt

Zubereitung

Die Berglinsen einige Stunden einweichen. Feingehackten Knoblauch und einen zerbröselten Peperoncino in Olivenöl anschwitzen, Linsen mit Einweichwasser sowie den gehackten Fleischtomaten zugeben, aufkochen und bei sanfter Hitze garen – das dauert 15–20 Minuten. Gegen Ende der Garzeit salzen.

Le Ricette di Base ed i Contorni – Grundrezepte und Beilagen

I BROCCOLI
Brokkoli

Zutaten

800 g	Brokkoli
	Salz
2 El	Knoblauch
	Olivenöl

Zubereitung

Den Brokkoli in Röschen teilen, in kräftig gesalzenem Wasser blanchieren. Knoblauch in Olivenöl kurz anbraten, dann den al dente gegarten Brokkoli zugeben und in Olivenöl schwenken.

IL PURÈ DI PATATE
Kartoffelpüree

Zutaten

1 kg	festkochende Kartoffeln
240 g	Milch
50 g	Butter
	Salz, Pfeffer, Muskatnuss
50 g	Parmesan, auf Wunsch

Zubereitung

Kartoffeln schälen und gar kochen (etwa 20 Minuten). Milch erwärmen, die gekochten Kartoffeln mit der Presse zerkleinern, nach und nach Milch und Butter zufügen und zu einem Brei zerstampfen.
Mit Salz, Pfeffer und Muskatnuss abschmecken. Wer mag, rührt noch 50 g Parmesan unter den Kartoffelbrei.

Le Ricette di Base ed i Contorni – Grundrezepte und Beilagen

LE PATATE AL ROSMARINO
Rosmarinkartoffeln

Zutaten

750 g	Kartoffeln
1	Stange Rosmarinnadeln
2	Knoblauchzehen
3 EL	Olivenöl
	Salz

Zubereitung

750 g Kartoffeln schälen und in 2 cm große Stücke schneiden, mit reichlich frischen Rosmarinnadeln und gehacktem Knoblauch in Olivenöl kräftig in der Pfanne braten, dann etwa 25 Minuten in die vorgeheizte Backröhre. Erst zum Schluss salzen.

LE ZUCCHINE
Zucchini

Zutaten

2–3	Zucchini
250 g	Kirschtomaten
	Salz und Pfeffer
50 g	Schalotten, fein gehackt
16	schwarze Oliven, entkernt

Zubereitung

Die Zucchini längs vierteln und in 3 cm lange Stäbchen schneiden. Tomaten 1 Minute überbrühen, kalt abschrecken und häuten. Tomaten in Viertel schneiden. Einen Schuss Olivenöl in die Pfanne geben, die Zucchini hineingeben und bei kräftiger Hitze anbraten. Schalotten, Tomaten und Oliven zufügen, etwa 5 Minuten schmoren und abschmecken.

Tipp: Die schwarzen Oliven sind vollreif. Zum Konservieren werden sie in Salzwasser eingelegt, getrocknet und dann mit Olivenöl bedeckt. Sie würzen die Speisen pikant.

Le Ricette di Base ed i Contorni – Grundrezepte und Beilagen

GLI SPINACI ALL'AGLIO
Spinat mit Knoblauch

Zutaten

1 kg	Spinat
50 g	Olivenöl
2	Knoblauchzehen
	Salz
50 g	Pinienkerne

Zubereitung

Spinat gründlich säubern, damit der Sand herausgespült wird. Olivenöl in einer größeren Pfanne erhitzen, Knoblauch und Pinienkerne kurz ausrösten, dann Spinat zugeben, bis das Wasser eingekocht ist (bei starker Hitze je nach Feuchtigkeit etwa 8 Minuten). Zum Schluss salzen und sofort servieren.

I FAGIOLI
Weiße Bohnen

Zutaten

600 g	getrocknete Cannellinibohnen
1 l	Wasser zum Kochen
	Salz
2 El	Olivenöl
1	Schalotte
1	Stange Rosmarin

Zubereitung

Die Bohnen über Nacht in einem Liter Wasser einweichen. Am nächsten Tag zum Kochen bringen und bei schwacher Hitze ca. 45 Minuten garen. Gegen Ende der Garzeit ½ TL Salz dazugeben.
Die gehackte Schalotte in Olivenöl kurz braten, Stange Rosmarin und die abgetropften Bohnen zugeben, mit etwas Bohnenwasser auffüllen und ziehen lassen, bis die Bohnen cremig werden. Mit Salz eventuell nachwürzen.

Le Ricette di Base ed i Contorni – Grundrezepte und Beilagen

L'INSALATA
Salat mit Soße

Zutaten

100 g	Radicchio
100 g	Friséesalat
100 g	Römersalat
100 g	Feldsalat
	Parmesan, dünn gehobelt
4 El	Olivenöl
2 El	Rotweinessig
	Salz
	Pfeffer

Zubereitung

Alle Salate waschen und trockenschleudern.
Aus Olivenöl, Essig, Salz und Pfeffer eine Marinade rühren.
Den Salat auf Tellern anrichten, mit der Marinade beträufeln und Parmesan dünn darüber hobeln.

Tipp: Radicchio gehört zur Pflanzengruppe der Zichorien. Seinen herben Geschmack verdankt er einem vor allem in den Blattrippen enthaltenen Bitterstoff. Am bekanntesten sind bei uns kugelrunde, fest geschlossene Köpfe, deren Blätter für Salat verwendet werden.
Radicchio di Treviso erkennt man an seinen länglichen, leicht geöffneten Blättern und an der ausgeprägten weißen Mittelader. Sein Geschmack ist deutlich bitterer als der der runden Köpfe. Probieren Sie Radicchio auf italienische Art: Dazu feingeschnittenen Radicchio kurz in Olivenöl mit etwas Knoblauch anschmoren und unter Pasta mischen.
Als Beilage zu Kurzgebratenem, sehr gut z. B. zu Lammkoteletts, überbacken Sie den angeschmorten Radicchio mit Mozzarella.
Römersalat *Latuga romana* gehört wie der Kopfsalat zur Lattich-Familie.

GLI ANTIPASTI

Vorspeisen

Gli Antipasti – Vorspeisen

TARTARE DI TONNO CON PATATE DOLCI
Thunfischtatar mit Avocado und Süßkartoffelpommes

Zutaten

400 g	roher Thunfisch (Sashimi-Qualität)
70 g	Avocado
50 g	Schalotten
50 g	Schnittlauch
	Salz
	Pfeffer
3 EL	Olivenöl
120 g	Süßkartoffel, geschält
100 g	Mehl
½ l	Rapsöl fürs Frittieren
	Eiswürfel
1	Limette

Zubereitung

Thunfisch und Avocado in ganz kleine Würfel schneiden, Schalotten und Schnittlauch fein hacken und zum Fisch geben, mit Salz und Pfeffer würzen und mit 3 EL Olivenöl vermischen. Auf Teller anrichten. Süßkartoffel mit einem Sparschäler in Streifen zerteilen, in Wasser mit Eiswürfeln kühlen (ca. 1 Minute, durch die Kühlung werden sie besonders kross), abtrocknen, dann in Mehl wenden und in dem kochenden Rapsöl etwa 1 Minute frittieren, bis sie gar sind, und danach salzen. Mit den Limettenvierteln zum Thunfisch-Tatar geben.

Tipp: Wenn Sie eine Tatarform besitzen, den Fisch dort hineinfüllen und auf dem Teller anrichten. Die Limette erst beim Essen darüber träufeln, damit der Fisch seine Farbe behält.

Gli Antipasti – Vorspeisen

SAUTÈ DI FRUTTI DI MARE
Sautierte Meeresfrüchte in Weißweinsoße

Zutaten

800 g	Venusmuscheln
800 g	Miesmuscheln/Herzmuscheln
300 g	Patagonische Tintenfische/ Calamari Patagonia
2	Knoblauchzehen
2	Chilischoten
80 ml	Olivenöl
40 ml	Weißwein
2 El	gehackte Petersilie

Zubereitung

Geputzte Patagonische Tintenfische in schmale Ringe schneiden und mit den Knoblauchzehen und Chilischoten schüttelnd anbraten. Venus- und Miesmuscheln kräftig waschen und zu den Tintenfischen dazu geben, mit Weißwein ablöschen, bis die Muscheln sich öffnen, dann mit Petersilie bestreuen und auf heißen Tellern servieren.

Tipp: Muscheln, die geöffnet sind, vor dem Kochen wegwerfen, nur geschlossene verwenden. Es ist ratsam, bei dieser Menge 2 große Pfannen zu benutzen. Man braucht kein Salz, weil das Meerwasser den Muscheln genug Würze gibt. Muscheln, die sich beim Kochen nicht geöffnet haben, nicht essen.

Gli Antipasti – Vorspeisen

CARPACCIO DI SALMONE CON CAPESANTE
Lachscarpaccio mit Jakobsmuscheln und gebratenem Porree

Zutaten

400 g	Lachs
1	Avocado
400 g	Jakobsmuscheln
30 g	Porree
	Salz
	Pfeffer
4 El	Olivenöl
1	Zitrone

Zubereitung

Den Lachs in 4 Teile à 100 g schneiden und mit Folie und der glatten Seite des Fleischklopfers zu einer dünnen runden Scheibe formen, dann auf den Teller legen. Die Avocado zerkleinern, mit etwas Öl, Salz und Pfeffer zu einer Creme verrühren und mit Löffelchen oder Spritzbeutel auf dem Lachs verteilen.
Die Jakobsmuscheln kurz 3 Minuten in Olivenöl braten, in Ringe geschnittenen Porree dazugeben, einmal in der Pfanne schwenken und mit Salz und Pfeffer würzen, auf dem Lachs gleichmäßig verteilen, und mit Zitronensaft abschmecken. Servieren.

Tipp: Der Lachs kann schon Stunden vorher abgeklopft im Kühlschrank in der Folie vorbereitet werden. Dann ist die Vorspeise schnell zu servieren.

Gli Antipasti – Vorspeisen

POLIPO ALLA NERANO
Oktopustentakel mit frittierten Zucchini auf Provolonesoße

Zutaten

4 Stk	Zucchini (medium)
1 l	Rapsöl zum Frittieren der Zucchini
	Salz
	Pfeffer
10	Basilikumblätter
400 g	gekochte Pulpo Tentakel
2 El	Olivenöl
100 g	100 g Provolone (italienische Käsesorte)
40 ml	Sahne
2 El	Olivenöl

Zubereitung

Zucchini in Scheiben schneiden und im Rapsöl frittieren, bis sie goldbraun sind. Mit Salz, Pfeffer und Basilikum würzen. Die Pulpo Tentakel längst halbieren, in der heißen Pfanne braten, bis sie kross werden. Den Provolone-Käse reiben und in der Sahne im Topf schmelzen lassen. Die Zucchini-Scheiben auf dem Teller anrichten, auf dem die fertige Käsesoße verteilt wurde. Der gebratene Pulpo wird dazu gelegt und mit einigen Basilikumblättern dekorieren.

Gli Antipasti – Vorspeisen

MARE E MONTI
Gebratene Garnelen mit gemischten Pilzen und weißen Bohnen

Zutaten

200 g	getrocknete Canellinibohnen
	Salz
6	Riesengarnelen, ohne Schale
200 g	gemischte Pilze,
	z. B. Austernsaitlinge,
	Pfifferlinge, Shiitake
1–2	Knoblauchzehen
6 El	Olivenöl
4 El	glatte Petersilie, feingehackt
	Pfeffer

Zubereitung

Die Bohnen über Nacht in einem Liter Wasser einweichen. Am nächsten Tag zum Kochen bringen und bei schwacher Hitze ca. 45 Minuten garen. Gegen Ende der Garzeit ½ TL Salz dazugeben. Die Garnelen auspulen und längs halbieren, falls vorhanden, den schwarzen Darmstrang entfernen. Nach Belieben die Schwanzflossen am Körper lassen, das sieht besonders dekorativ aus. Die Pilze, möglichst ohne sie zu waschen, putzen (mit Pinsel und feuchtem Tuch), größere Exemplare kleinschneiden. Knoblauch pellen und in Scheiben schneiden. In einer größeren Pfanne das Öl erhitzen. Die Garnelen darin kurz anbraten, bis ihr Fleisch eben fest geworden ist, das dauert etwa ½ Minute. Herausnehmen und warmstellen. Die Pilze in die Pfanne geben und bei starker Hitze 2–3 Minuten braten. Knoblauch, Petersilie und die abgetropften Bohnen dazugeben und erhitzen. Mit Salz und Pfeffer abschmecken. Die Riesengarnelen mit in die Pfanne geben und kurz durchschwenken. Auf Tellern anrichten und mit Petersilie bestreuen.

Tipp: Für warme Zubereitungen ist es wichtig, dass rohe, nicht gekochte Garnelen verwendet werden. Die Riesengarnelen, italienisch gamberi, gehören zur Familie der Zehnfußkrebse. Kaufen Sie tiefgekühlte Wildarten. Eine Größenbezeichnung, z. B. 10/12 oder 13/15, gibt an, wieviel Stück auf ein englisches Pfund (454 Gramm) kommen – je niedriger die Zahl, desto größer sind die Garnelen. Bei uns werden sie häufig fälschlicherweise als Scampi bezeichnet. Scampi, zu deutsch Kaisergranat oder Tiefseehummer, haben Scheren, Garnelen nicht.

Gli Antipasti – Vorspeisen

PARMIGIANA DI MELANZANE
Auberginenauflauf

Zutaten

750 g	Auberginen (drei mittelgroße Früchte)
	Salz
10–12 EL	Olivenöl
1 l	Tomatensoße (s. Grundrezept S. 47)
250 g	Mozzarella
100 g	Parmesan gerieben
1	Bund Basilikum

Zubereitung

Die Auberginen waschen, entstielen und längs in ½ cm dicke Scheiben schneiden. Beidseitig salzen und auf der Abtropffläche der Spüle 30 Minuten lang „weinen" lassen, um das Wasser aus dem Fruchtfleisch zu ziehen. Die Auberginen gut mit Küchenpapier trockentupfen und dabei das Salz entfernen. In einer großen Pfanne portionsweise Olivenöl erhitzen und die Auberginen darin bei starker Hitze von beiden Seiten goldbraun braten. Eine Schicht Tomatensoße (s. Grundrezept S. 47) in eine Auflaufform geben, darauf eine Lage Auberginen, mit etwas grob gewürfeltem Mozzarella und Parmesan bestreuen.
Darauf einige Basilikumblätter geben, darauf wieder Tomatensoße usw., bis die Zutaten verbraucht sind. Zuoberst kommen Tomatensoße und Käse. Bei 200 °C (Umluft 180 °C) im Backofen ca. 20 Minuten überbacken, bis der Käse blubbert.

Tipp: Dieses Gericht kann man auch als Beilage zu kurzgebratenem Fleisch nehmen. Es schmeckt sowohl warm als auch kalt.

Gli Antipasti – Vorspeisen

TARTUFACCIO
Gratinierte Kartoffelscheiben mit Asiagokäse und Trüffel

Zutaten

500 g	gekochte Drillinge-Kartoffeln
4 TL	Trüffelöl
	Salz
250 g	Asiagokäse
50 g	Trüffel der Saison

Zubereitung

Kartoffeln in der Schale 20 Minuten kochen, abkühlen lassen, schälen und in dünne Scheiben schneiden. Auf Tellern verteilen wie ein Carpaccio. Mit Salz und Trüffelöl würzen, den Käse gerieben darüber geben und bei 200 °C Umluftofen etwa 5 Minuten gratinieren, bis der Käse goldbraun ist. Aus dem Ofen nehmen und mit frisch gehobelten Trüffeln belegen. Zum Servieren einen weiteren Teller verwenden, auf den der heiße Teller gestellt wird.

Tipp: Als kalorienärmere Version können statt Kartoffeln Trompetenzucchini verwendet werden, die 35 Minuten im Ganzen in Salzwasser gekocht werden. Dann in Scheiben schneiden und wie beim Kartoffelrezept verfahren.

Gli Antipasti – Vorspeisen

FIORI DI ZUCCA RIPIENI DI RICOTTA
Frittierte Zucchiniblüten gefüllt mit Ricottakäse

Zutaten

300 g	Ricotta
100 g	Parmesan
	Salz
	Pfeffer
16 Stk	Zucchiniblüten
2	kleine Zucchini
	Mehl
1 l	Rapsöl
	Eiswürfel und Wasser

Zubereitung

Ricotta, geriebener Parmesan, Salz und Pfeffer zu einer Masse rühren. Die Zucchiniblüten mit dem Käse ¾ voll füllen (am besten mit einem Spritzbeutel). Die obere Seite mit dem Finger abschließen, damit keine Füllung rausläuft. Die beiden Zucchini in längliche Streifen schneiden und zusammen mit den Blüten mit Eiswürfeln in Wasser kurz kühlen. Dann abtrocknen. Die Blüten und Stäbchen in Mehl wenden, danach in Rapsöl frittieren, bis sie kross werden. Salzen, pfeffern und servieren.

Tipp: Die Zucchini und -blüten in zwei Etappen frittieren, damit sie einzeln gut garen.

Gli Antipasti – Vorspeisen

BRUSCHETTA IL CANTUCCIO
Bruschetta mit Burrata, Paprika und Forellenkaviar

Zutaten

8 oder 4	Scheiben Ciabatta
200 g	rote Paprika geschält
200 g	Burrata
100 g	Forellenkaviar
50 ml	Olivenöl
	Salz
	Pfeffer

Zubereitung

Ciabatta im Toaster rösten. Paprika im Backofen bei 180 °C 20 Minuten garen, damit die Haut gut abgeschält werden kann. Innenteil des Gemüses entfernen und in Scheiben schneiden. Die Paprika auf den gerösteten Brotscheiben verteilen. Burrata dazutun, mit Salz, Pfeffer und Olivenöl würzen und zum Schluss mit Forellenkaviar garnieren.

Tipp: Wenn die Paprika aus dem Ofen kommt, in einen Gefrierbeutel füllen und abkühlen lassen. Dann lässt sich die Haut besser abziehen. Statt Forellenkaviar können auch andere Kaviarsorten verwendet werden.

Gli Antipasti – Vorspeisen

QUAGLIA SU LETTO DI LENTICCHIE
Wachteln auf Linsensalat mit Balsamico

Zutaten

4 Stk	Wachteln
1	Rosmarinzweig
400 g	Linsen
50 g	Staudensellerie
2	kleine Schalotten
4	kleine Datteltomaten
2 EL	Balsamico Essig
6 EL	Olivenöl
	Salz
	Pfeffer

Zubereitung

Wachteln auslösen und zerlegen oder schon ausgelöste Wachteln kaufen. Die Wachtelbrüste und -keulen salzen, pfeffern und mit Rosmarin und Olivenöl im vorgeheizten Backofen mit Oberhitze bei 200 °C 10 Minuten knusprig braten. Linsen 20 Minuten bissfest kochen, dann salzen und abseihen. Staudensellerie, Schalotten und Datteltomaten klein würfeln, salzen und pfeffern, zu den Linsen geben und mit Olivenöl und Balsamicoessig mischen. Den Linsensalat auf Tellern platzieren und die Wachteln oben auf legen. Mit Balsamicostreifen dekorieren. Guten Appetit.

Tipp: Den Linsensalat kann man auch vorher zubereiten, aber bei Zimmertemperatur aufbewahren; nicht in den Kühlschrank stellen. Wenn man die Linsen lieber warm mag, auch gerne vor dem Anrichten kurz in der Pfanne schwenken.

Gli Antipasti – Vorspeisen

FEGATO DI VITELLO CON FICHI CARAMELLATI
Kalbsleber mit karamellisierten Feigen

Zutaten

400 g	Kalbsleber
8 Stk	Feigen
20 g	Butter
4 EL	Balsamico Essig
80 ml	Olivenöl
	Salz

Zubereitung

Die Kalbsleber von allen Häuten, Sehnen und Adern befreien und in zentimeterbreite Streifen schneiden, mit Küchenpapier trockentupfen. Die Leber kurz in Olivenöl anbraten, die Feigen vierteln und dazugeben. Alles etwa 3 Minuten bei starker Hitze unter Rühren braten, mit Salz würzen und die Butter dazugeben. Auf Tellern anrichten und mit Balsamicoessig beträufeln.

Tipp: Die Leber in zwei Pfannen oder in zwei Phasen braten, damit das Wasser nicht aus dem Fleisch läuft. Die Leber sollte kross sein.
Es wird kein Zucker benötigt, da die Süße der Frucht zusammen mit dem Balsamicoessig die Feigen karamellisiert.

Gli Antipasti – Vorspeisen

VITELLO TONNATO
Kalbfleisch mit Thunfischsoße und Kapern

Zutaten

800 g	Kalbfleisch aus der Nuss
	Salz und Pfeffer
4 EL	Öl

Soße

4	Dosen Thunfisch in Lake
250 g (12 EL)	Mayonnaise (s. Grundrezept S. 50)
2 EL	Kapern
4 EL	kalte Fleischbrühe
2 TL	Sardellenpaste
	Kapern für die Garnitur

Zubereitung

Das Kalbfleisch mit Küchengarn rund verschnüren, salzen und pfeffern, in der heißen Pfanne in Öl rundum kräftig anbraten, im Backofen bei 200 °C (Umluft 180 °C) etwa 35 Minuten braten, dabei gelegentlich mit Wasser begießen, damit nichts anbrennt. Das Fleisch erkalten lassen, das Küchengarn entfernen. Für die Soße den abgetropften Thunfisch mit den übrigen Zutaten im Mixer pürieren. Eventuell etwas Thunfischlake dazugeben, um die richtige Konsistenz herzustellen. Zum Fertigstellen das Fleisch in dünne Scheiben schneiden (am besten mit der Aufschnittmaschine), auf Tellern anrichten und mit der Soße überziehen oder auf die Soße setzen. Mit einigen Kapern garnieren.

Tipp: Statt in Essig eingelegte Kapern, die in Salz eingelegten benutzen. Sie haben viel mehr Aroma. Vorsicht: gut abwaschen, da sie sonst zu salzig sind.

LA PASTA

Pasta

La Pasta – Pasta

CAPELLINI ALLA CAROLINA
Dünne Spaghetti in leicht pikanter Tomatensoße

Zutaten

4	Knoblauchzehen
6 EL	Olivenöl
1–2	Peperoncini (kleine, getrocknete Chilischoten)
6 EL	Tomatensoße (s. Grundrezept S. 47)
4 EL	Petersilie, feingehackt
	Salz
320 g	Capellini – dünne Fadennudeln, dicker als Capelli d'Angelo (Engelshaar), dünner als Spaghetti

Zubereitung

Knoblauch pellen und in dünne Scheiben schneiden. In einer großen Pfanne das Olivenöl erhitzen. Knoblauch darin leicht braten, die Peperoncini dazubröseln (oder ganz lassen, wenn man weniger Schärfe möchte). Die Tomatensoße dazugeben und kurz durchkochen. Schließlich die Petersilie unterrühren. Mit Salz abschmecken.
Die Capellini 2–3 Minuten in reichlich Salzwasser kochen – sie sollen sehr al dente sein, weil sie in der Soße noch nachquellen. Capellini abgießen und gut abtropfen lassen.
In der Pfanne mit der Öl-Tomaten-Soße durchschwenken und in gewärmten tiefen Tellern anrichten.

Tipp: Diese Pasta kann auch mit Pesto (s. Grundrezept S. 51) angerichtet werden.
Der Knoblauch ist eines der gesündesten Gewürze und wird wegen seiner Heilkraft in vielen Ländern geschätzt. Al dente bedeutet, dass man Nudeln so gart, dass sie den Zähnen noch einen gewissen Widerstand bieten, aber sie sollen nicht hart sein.

FUSILLI AL PESTO GENOVESE
Fusilli mit Pesto Genovese und Pinienkernen

Zutaten

400 g	Fusilli-Nudeln
	Salz
80 g	Keniabohnen
80 g	gekochte Pellkartoffeln
8 EL	Pesto (s. Grundrezept S. 51)
	Parmesan
20 g	geröstete Pinienkerne

Zubereitung

Die Nudeln in kochendem Salzwasser ca. 8 Minuten al dente garen. Eine Minute vor Kochende die in 2 cm Länge geschnittenen Keniabohnen und die in kleine Würfel vorbereiteten bereits gekochten Kartoffeln der Pasta beigeben, nochmal salzen und abgießen.
2 EL Kochwasser aufbewahren und mit Nudeln, Bohnen, Kartoffeln und dem Pesto vermengen.
Auf vorgewärmten Tellern anrichten, mit den kurz in der Pfanne braun gerösteten Pinienkernen und dem Parmesan bestreuen. Guten Appetit!

Tipp: Das Pesto erst zum Schluss in die Pfanne geben und nur umrühren, da es ansonsten eine dunkle Farbe bekommt.

La Pasta – Pasta

LINGUINE AI FRUTTI DI MARE
Linguine mit Meeresfrüchten

Zutaten

8 EL	Olivenöl
2	Zehen Knoblauch
300 g	Calamari
4–8 Stk	Gambas (ca. 300 g)
400 g	Bouchotmuscheln (gleich Miesmuscheln)
400 g	Venusmuscheln
100 g	Kirschtomaten, frische
1	Glas Weißwein
2 EL	Petersilie
	Salz + Pfeffer
320 g	Linguine

Zubereitung

Olivenöl und Knoblauch in Scheiben kurz anbraten lassen, dann die Calamari und Gambas 3 Minuten mitbraten, wenig salzen und pfeffern, Miesmuscheln und Venusmuscheln zufügen, in der Pfanne 2 Minuten schütteln und danach den Weißwein hinzufügen. Die Tomaten halbieren und dazugeben. Köcheln bis sich die Muscheln geöffnet haben, die geschlossenen Muscheln wegwerfen. Die Linguine kochen, die Muscheln aus dem Sugo herausnehmen und Pasta zufügen, zum Schluss auf den Tellern die warm gehaltenen Muscheln und frische gehackte Petersilie darüber geben. Guten Appetit.

Tipp: Die Muscheln vorher einzeln auf eine Tischplatte klopfen, um sicherzugehen, dass sie keinen Sand enthalten. Es reicht nur eine Muschel, die Sand enthält, um die komplette Soße zu ruinieren.

La Pasta – Pasta

RISOTTO AGLI ASPARAGI E TARTUFO
Risotto mit grünem Spargel und Trüffel

Zutaten

600 ml	Spargelbrühe
500 g	grüner Spargel
2 Stk	Schalotten
8 EL	Olivenöl
1	Glas Weißwein
	Salz
300 g	Riso Arborio (Reis)
80 g	Butter
	Trüffelöl
200 g	Parmesan
30 g	Trüffel

Zubereitung

Aus den Spargeln unten die holzigen Stücke abschneiden und 20 Minuten eine Brühe daraus kochen, etwa ½ Liter Flüssigkeit, die für das Risotto benötigt wird. Die Schalotten hacken und in Olivenöl anschwitzen, den Reis dazugeben und bei mäßiger Hitze solange rösten, bis er glasig ist. Den Weißwein dazu gießen und rühren. Die Hälfte des Spargelwassers angießen, umrühren und den Reis im offenen Topf ca. 10 Minuten bei kleiner Hitze garen lassen. Restliches Spargelwasser nach und nach angießen und den Reis bei kleiner Hitze ausquellen lassen. Das Reiskorn soll al dente sein, das Gericht von einer leicht sämigen Konsistenz, *cremoso*. Eventuell noch etwas Brühe hinzu. Während der Reis gart, Spargel schräg dünn schneiden und die letzten 10 Minuten zum Reis geben, bis das Risotto ausgequollen ist und eine cremige Konsistenz hat. Butter und Parmesan hinzufügen und verrühren. Das Risotto auf Tellern anrichten und anschließend mit Trüffelöl beträufeln und mit frisch gehobeltem Trüffel belegen.

Tipp: Wenn Sie keine Trüffel haben, schmeckt das Gericht auch gut nur mit Parmesan bestreut.

La Pasta – Pasta

PACCHERI CON SALSICCIA
Paccheri mit Vesuvtomaten, Salsiccia und salziger Ricotta

Zutaten

8 EL	Olivenöl
1	Chilischote
300 g	Salsiccia Fresca (frische italienische Bratwurst)
	Salz + Pfeffer
1	Glas Weißwein
600 g	Tomaten, aus der Dose oder pürierte
2 Stk	Schalotten
80 g	salzige Ricotta
400 g	Paccheri

Zubereitung

Olivenöl erhitzen, mit klein geschnittener Schalotte und in kleine Stücke geteilte Salsiccia ohne Haut mit Salz, Pfeffer und Chilischote würzen und sanft braten, bis das Fleisch goldbraun ist. Mit dem Weißwein ablöschen. Danach die Tomaten dazugeben und etwa 8–10 Minuten köcheln. Die Nudeln al dente kochen und in die Soße geben. Auf Tellern anrichten und geriebene salzige Ricotta darüber geben.

Tipp: Hier kann man mit dem Käse variieren und auch einen Pecorino oder Parmesan benutzen, falls die Ricotta Salata nicht nach dem persönlichen Geschmack ist.

SPAGHETTI CACIO E PEPE CON MELANZANA FRITTA
Spaghetti Cacio e Pepe mit frittierten Auberginen

Zutaten

240 g	Cacio (milder junger Pecorino)
2	mittelgroße Auberginen
4 EL	Olivenöl
	Salz
20 g	Pfeffer
1 l	Rapsöl zum Frittieren
320 g	Spaghetti

Zubereitung

Den Käse reiben und die Auberginen in dünne Streifen schneiden und im Rapsöl frittieren, bis sie goldbraun sind. Währenddessen Spaghetti al dente kochen, abtropfen lassen, vom Kochwasser ¼ l behalten.
Das Olivenöl in einer großen Pfanne mit dem Pfeffer und etwas Kochwasser erhitzen, Spaghetti hinein tun und den geriebenen Käse nach und nach mit dem Wasser rührend dazugeben, damit der Käse sich mit den Spaghetti cremig vermengt.
Auf Tellern anrichten und mit den leicht gesalzenen frittierten Auberginen bestreuen. Buon appetito!

Tipp: Für eine gelungene Soße einen jungen Pecorino wählen. Mit einem gut gereiften Pecorino riskiert man es, dass die Soße sehr klebrig anstatt cremig wird.

FETTUCCINE CON BURRATA E CARCIOFI
Fettuccine mit Burrata und gebratenen Artischocken

Zutaten

8 Stk	kleine frische Artischocken- herzen
8 EL	Olivenöl
2 EL	Olivenöl zum Anbraten
	Salz
	Pfeffer
320 g	Fettuccine
150 g	Parmesan, gerieben
240 g	Burrata

Zubereitung

Die Artischockenherzen vierteln, kurz in 2 EL Olivenöl braten, salzen und pfeffern. Die Fettucine kochen, mit Olivenöl und etwas Kochwasser in eine große Pfanne geben und nach und nach den Parmesan unterrühren, bis sich der Käse mit der Pasta vermengt hat. Mit Pfeffer abschmecken. Auf Tellern anrichten, mit Burratascheiben und den gebratenen Artischocken bestreuen.

Tipp: Die Artischocken, nachdem sie sauber gemacht wurden, in Sprudelwasser mit einer ausgepressten Zitrone aufbewahren, damit sie nicht braun werden. Bevor man die Artischocken weiterverarbeitet, sie sorgfältig abwaschen und abtrocknen.

MINI RIGATONI CON POLIPETTI ALLA LUCIANA
Mini Rigatoni mit Babyoktopus, Tomaten, Oliven und Kapern

Zutaten

800 g	Polipetti (Babyoktopus)
12 EL	Olivenöl
60 g	Oliven, schwarz
20 g	Kapern
1	Zehe Knoblauch
1	Chilischote, zerkleinert
12 Stk	Datteltomaten, kleine
320 g	Mini Rigatoni

Zubereitung

Polipetti (oder Pulpo-Stücke) säubern und bei kleiner Hitze in einen Topf geben, Öl, Kapern, Knoblauch, Chili, Oliven (wenn Sie Taggiasche Oliven bekommen, die sind besonders würzig) dazugeben und etwa 30–40 Minuten köcheln lassen, eventuell etwas Wasser dazugeben. Die letzten 15 Minuten die Datteltomaten zufügen. Währenddessen die Rigatoni al dente kochen und zu dem Sugo geben. Fertig.

Tipp: Die Soße für die Pasta ein paar Stunden vorher zubereiten, damit der Oktopus sich mit den Oliven, Kapern, dem Knoblauch und den Tomaten gut verbinden kann und geschmackvoller ist. Die Soße immer erst zum Schluss salzen, da Oliven und Kapern sehr würzig sind.

IL PESCE
Fisch

Il Pesce – Fisch

CODA DI ROSPO CON PIMIENTOS E POMODORINI
Seeteufel mit Pimientos und Tomaten

Zutaten

800 g	Seeteufel (je 200 g p. P.)
300 g	Pimientos
100 g	Tomaten, kleine
8	Blätter Basilikum
1	Knoblauchzehe
4 EL	Olivenöl zum Anbraten
	Salz
	Pfeffer

Zubereitung

Seeteufelscheiben anbraten, die Pimientos halbieren und dazugeben. Alles etwa 3–4 Minuten pro Seite des Fisches bei mittlerer Hitze garen. Dann die Knoblauchzehe in Scheiben schneiden und mitköcheln. Zum Schluss die halbierten Tomaten und das Basilikum zugeben.

Tipp: Wenn der Fisch mit den Pimientos gar ist, die Flamme ausschalten oder die Pfanne vom Herd nehmen und Tomaten und Basilikum zufügen, damit es frisch bleibt.

Wenn möglich gerne zwei Pfannen benutzen, um den Seeteufel zu braten, damit die Filets kross bleiben und nicht zu viel Flüssigkeit verlieren.

Il Pesce – Fisch

ROMBO IN CROSTA DI PATATE
Steinbutt in Kartoffelkruste

Zutaten

5 EL	Weißwein
	Olivenöl
	Salz
1	Baby-Steinbutt, ca. 1 kg (beim Kauf ausnehmen lassen)
2–3	große Kartoffeln einer leicht mehligen Sorte
3 EL	Petersilie, feingehackt
1–2	Knoblauchzehen, feingehackt

Zubereitung

Weißwein mit 3 EL Öl und 1 TL Salz mischen und den Fisch damit einreiben. Auf ein geöltes Backblech oder eine ofenfeste Platte legen. Kartoffeln schälen und in möglichst dünne Scheiben schneiden, salzen und mit Petersilie, Olivenöl und Knoblauch mischen.
Den Fisch schuppenartig überlappend mit den Kartoffelscheiben bedecken, im vorgeheizten Backofen etwa 25 Minuten bei 230 °C (Umluft 200 °C) backen, die letzten 3 Minuten übergrillen, damit die Kartoffeln kross und goldbraun sind.
Zum Servieren die Kruste abheben, den Fisch filetieren, die Soße durch ein Sieb geben, über den Fisch träufeln und mit Stücken der Kartoffelkruste anrichten.

Tipp: Dieser runde Plattfisch ist zwischen Mai und Juli am delikatesten.

Il Pesce – Fisch

TONNO SCOTTATO AL SESAMO
Thunfisch-Sashimi in Sesamkruste mit Avocadocreme

Zutaten

800 g	Thunfisch Sashimi (je 200 g p. P.)
100 g	schwarzer Sesam
2	Avocado
1	Schalotte
	Saft einer ½ Zitrone
	Balsamico-Essig
	Grobes Salz / Fleur de Sel
	Pfeffer

Zubereitung

Die beiden Avocados schälen, die Schalotte fein würfeln und mit dem Avocadofleisch pürieren, Zitronensaft zugeben und mit Salz abschmecken.
Die vier Thunfischfilets waschen und trocken tupfen, in Sesam wenden. Auf dem Grill oder in der gefetteten Pfanne pro Seite 3 Minuten garen, damit der Fisch rosa bleibt.
Jedes Fischstück in Scheiben schneiden, mit der Avocadocreme auf vorgewärmten Tellern stückweise verteilen, mit Fleur de Sel, Pfeffer und Balsamico-Essig würzen. Die Avocadocreme wird seitlich von dem Thunfisch-Sashimi serviert.
Guten Appetit.

Tipp: Das Avocadofleisch mit dem Saft ½ Zitrone vermengen, damit es nicht braun wird.

Il Pesce – Fisch

RICCIOLA AL PROFUMO DI LIMONE
Kingfish in Zitronensoße

Zutaten

800 g	Kingfish Hiramasa Filet (je 200 g p. P.)
	Mehl (zum Wenden des Fisches)
3	Zitronen, unbehandelt
1	Glas Weißwein
4 EL	Olivenöl
	Pfeffer
	Salz
	Glatte Petersilie

Zubereitung

Die Fischfilets in Mehl wenden, abklopfen und salzen. In einer Pfanne in Olivenöl bei mittlerer Hitze von beiden Seiten etwa 4 Minuten braten. Mit Weißwein ablöschen und von 2 Zitronen den Saft dazugeben und rühren, bis die Soße cremig wird. Mit Pfeffer abschmecken und auf gewärmten Tellern anrichten. Die Schale der letzten Zitrone über die Filets mit Soße reiben und mit gehackter Petersilie bestreuen. Gemüse nach Wahl dazu, empfehlenswert ist Spinat (s. Beilagen S. 54).

Tipp: Nur das Gelbe der Zitronenschale reiben, denn das Weiße schmeckt bitter.

BRANZINO IN CROSTA DI PANE
Wilder Wolfsbarsch in Brotkruste

Zutaten

2	Wolfsbarsch (je 900 g–1000 g)
400 g	Brotteig (s. Grundrezept S. 44)
400 g	Datteltomaten, kleine
10	Blätter Basilikum
3	Knoblauchzehen
4 EL	Olivenöl
1	Zweig Rosmarin
	Salz
	Pfeffer

Zubereitung

Den Fisch vom Fischhändler ausnehmen und schuppen lassen, waschen und trocken tupfen. Dann den Bauch mit dem halbierten Rosmarinzweig und einer geschälten Knoblauchzehe füllen. Fisch mit Salz und Pfeffer innen und außen würzen, dann von außen mit Olivenöl beträufeln.
Den fertigen Brotteig ausrollen, damit der Fisch auf dem Backblech von oben damit bedeckt werden kann. Ofen auf Umluft 200 °C vorheizen und Fische 20 Minuten im Backofen garen.
Tomaten halbieren, salzen und pfeffern, die Knoblauchzehe in Scheiben schneiden und mit 2 EL Olivenöl begießen. Basilikumblätter untermengen. Wenn der Fisch gar ist, den Brotteig in Bruschetta-Scheiben schneiden, den Tomatensalat darauf verteilen. Den Fisch in 4 Filets teilen, auf vorgewärmten Tellern mit Bruschetta servieren.

Tipp: Den Brotteig erst kurz vor dem Garen auf den Fisch legen, sonst könnte die Brotkruste später am Fisch kleben bleiben.

MERLUZZO ALLA LIGURE
Kabeljau mit Tomatensoße, Oliven und Kapern

Zutaten

800 g	Kabeljaufilet (je 200 g p. P.)
	Mehl zum Wenden für den Fisch
2 EL	Olivenöl zum Anbraten
1	Knoblauchzehe
1	Dose (400 g) Datteltomaten
20 Stk	schwarze Oliven, ohne Stein
20 Stk	Kapern
	Salz
	Pfeffer

Zubereitung

Tomaten aus der Dose mit 2 EL Öl und Knoblauch in kleinem Topf aufkochen, Oliven und Kapern dazugeben, etwa 8 Minuten köcheln.
In der Zeit die Fischfilets in dem Mehl wenden und ca. 5 Minuten in 2 EL Olivenöl bei starker Hitze, etwa 1 Minute, und danach auf mittlerer Hitze garen. Salzen und pfeffern.
Auf vorgewärmten Tellern Fisch und Soße verteilen.

Tipp: Dazu passt gut in Knoblauch gedünsteter Spinat (s. Beilagen S. 54).

CACCIUCCO ALLA LIVORNESE
Toskanischer Fischtopf

Zutaten

4	Riesengarnelen
4	Langostinos
12	Venusmuscheln
12	Miesmuscheln
4	kleine Rotbarben
4	Calamaretti – kleine Tintenfische
4	Seeteufelmedaillons (zusammen ca. 200 g)
1 kg	aromatische Tomaten oder 1 große Dose geschälte Tomaten
2–3	Knoblauchzehen, feingehackt
2–3	Peperoncini (kleine Chilischoten) Olivenöl
gut $1/8$ l	Weißwein
400 ml	Fischfond, aus dem Glas oder selbstgekocht (s. Grundrezept S. 45)
8	Scheiben rustikales italienisches Weißbrot Salz

Zubereitung

Garnelen und Langostinos ausbrechen, ggf. den Darm entfernen. Muscheln waschen und bürsten, nur geschlossene Muscheln verwenden.
Rotbarben schuppen und ausnehmen. Bei den Calamaretti den Kopf (zwischen Körper und Fangarmen) und das Rückgrat aus dem Körpersack entfernen (wenn Sie es nicht schaffen, den Fischhändler bitten).
Seeteufelmedaillons von den feinen Häutchen befreien. Tomaten 1 Minute mit kochendem Wasser überbrühen, kalt abschrecken, enthäuten und grob hacken.
In einer geräumigen Kasserolle Knoblauch und Peperoncini in 6 EL Olivenöl andünsten. Die Tomaten zugeben und aufkochen. Wein und Fischfond zugeben und zusammen 15 Minuten köcheln lassen. Das Weißbrot auf ein geöltes Backblech geben und im Backofen bei 190 °C (Umluft 170 °C) knusprig rösten. Fische und Meeresfrüchte salzen und in die Tomatensoße legen. Aufkochen und 5 Minuten zugedeckt ziehen lassen.
Auf Tellern anrichten, das geröstete Brot dazu reichen.

Tipp: Diese Fischsuppe kann als halbe Portion gut als Vorspeise serviert werden.
Dann würden diese Rezeptangaben für 8–10 Personen gelten.

LA CARNE

Fleisch

La Carne – Fleisch

BOCCONCINI DI MANZO
Rinderroulade mit Knoblauch und Rosmarin

Zutaten

800 g	Rinderfilet (je 200 g p. P.)
60 g	Lardo di Colonnata (Schweinespeck)
40 g	Asiagokäse
40 g	Parmesan
50 g	Petersilie
2	Knoblauchzehen
1	kleine Chilischote
1	Stange Rosmarin
8 EL	Olivenöl
	Salz

Zubereitung

Das Rinderfilet (200 g) zwischen Folie legen und mit einem Fleischklopfer (glatte Seite) 3 mm dünn ausklopfen. Den Lardo in ganz dünne Scheiben geschnitten kaufen und über die 4 Rinderfilets verteilen. Mit dem geriebenen Asiagokäse, Parmesan und der Hälfte der klein gehackten Petersilie bestreuen. Zu Rouladen rollen und die 200 g-Fleischrolle in 4–5 Stücke schneiden. Olivenöl erhitzen, die Fleischstücke etwa 2 Minuten pro Seite braten, mit Knoblauch, Chili und Rosmarin bestreuen und zum Schluss salzen. Mit dem Rest der Petersilie bestreuen. Auf vorgewärmten Teller mit dem Bratensaft anrichten und mit Kartoffelpüree (s. Beilagen S. 52) servieren.

Tipp: Am besten die Rinderrouladen ein paar Stunden vorher zubereiten und im Kühlschrank lagern. Damit verhindert wird, dass sich die Rouladen während des Bratens öffnen. Ansonsten kann man auch jedes Fleischstück mit einem Zahnstocher befestigen und diesen am Ende herausnehmen.

La Carne – Fleisch

PULCINO ALLA DIAVOLA
Stubenküken nach Teufelsart

Zutaten

4	Stubenküken
	Salz
4 EL	Rosmarinnadeln, zerstoßen
2	kleine, getrocknete Chilischoten, zerstoßen
	Olivenöl

Soße

2 EL	Olivenöl
2	Schalotten
1	Chilischote
1	Knoblauchzehe
400 g	passierte Tomaten (Dose)
	Salz

Zubereitung

Die Stubenküken mit Salz und Rosmarin, Chilischoten und Öl einreiben. Dann bei 180 °C im Backofen etwa 25–30 Minuten garen.
Die Stubenküken bis zum Servieren warmstellen. Als Beilage schmecken Rosmarinkartoffeln dazu (s. Beilagen S. 53).

Soße (Salsa Piccante):
Schalotten in Olivenöl anschwitzen, Chilischote zerkleinern, Knoblauch und Tomaten dazugeben und etwa 10 Minuten köcheln. Mit Salz abschmecken. Auf Tellern verteilen und die Stubenküken dekorativ darauf setzen.

Tipp: Während der Bratzeit regelmäßig mit einem Pinsel den eigenen Saft über das Stubenküken streichen, damit das Fleisch saftiger bleibt.

La Carne – Fleisch

COSTOLETTE DI IBERICO CON CREMA DI FINOCCHIO
Ibericokoteletts auf Fenchelsoße

Zutaten

4	Koteletts à 200 g vom Ibericoschwein
	Salz
	Pfeffer
4 EL	Olivenöl
50 g	Fenchelsamen
1	Schalotte
100 g	Asiagokäse

Zubereitung

Ibericokoteletts sauber parieren, d. h. die Enden der Knochen freischaben. Salzen und pfeffern. Im Öl bei kräftiger Hitze von beiden Seiten einige Minuten anbraten. Bei schwacher Hitze je Seite noch 3 Minuten weiterbraten. Das gegarte Fleisch aus der Pfanne nehmen und warm stellen. In das Fett die Fenchelsamen und die fein gehackte Schalotte geben, etwas anschwitzen und den geriebenen Asiagokäse zugeben und schmelzen lassen, auf einen Teller gießen und dann das Fleisch darauf heiß servieren. Als Beilage schmecken Linsen gut dazu (s. Beilagen S.51).

Tipp: Achten Sie beim Kauf des Fleisches, dass es eine gute Marmorierung hat, damit die Koteletts beim Braten saftiger bleiben. Das Fleisch ca. 30 Minuten vorher mit Olivenöl und Pfeffer marinieren.

TAGLIATA DI MANZO CON GORGONZOLA E PISTACCHI
Rindfleisch-Tagliata mit Gorgonzolasoße und Pistazien

Zutaten

800 g	Rinderfilet (je 200 g p. P.)
90 g	Pistazien
3 EL	Olivenöl zum Braten
300 g	Gorgonzolakäse, mild
4 EL	Sahne
	grobes Salz
	Pfeffer

Zubereitung

Die Pistazien fein hacken, die Rinderfilets darin wälzen. In der Pfanne 5 Minuten je Seite bei mittlerer Hitze braten. In der Zeit den Käse in der Sahne schmelzen, etwa 5–8 Minuten bei kleiner Hitze. Das gegarte Fleisch einige Minuten ruhen lassen, dann in ½ cm breite Scheiben schneiden, salzen, pfeffern und mit der Gorgonzolasoße begießen. Am Ende mit feingehackten Pistazien bestreuen. Mit einem erfrischenden Salat (s. S. 55) genießen.

Tipp: Die Rinderfilets etwa eine Stunde vor der Zubereitung aus dem Kühlschrank nehmen, damit das Fleisch die richtige Temperatur vor dem Braten hat.

La Carne – Fleisch

OSSOBUCO IN GREMOLADA
Geschmorte Kalbshaxe mit Gremolada

Zutaten

4	Scheiben von der Kalbshaxe 2,5–3 cm dick
	Salz und Pfeffer
4 EL	Olivenöl
je 100 g	Möhre, Zwiebel und Staudensellerie, geputzt und in kleine Würfel geschnitten
500 g	Tomaten, enthäutet und in Stücke geschnitten
¼ l	Weißwein

„Gremolada"
die abgeriebene Schale von
1 Zitrone mit
1 Bund gehackter Petersilie und
2–3 gehackten Knoblauchzehen
mischen

Zubereitung

Das Fleisch salzen und pfeffern. In einem großen Schmortopf Olivenöl erhitzen, und das Fleisch von beiden Seiten anbraten. Herausnehmen, das Gemüse kurz anrösten, es soll leicht Farbe annehmen. Das Fleisch wieder dazugeben und mit dem Wein ablöschen. Die Tomaten zugeben und zugedeckt ca. 2 Stunden bei schwacher Hitze schmurgeln lassen. Zuletzt eventuell ohne Deckel kochen, um den Fond zu konzentrieren. Abschmecken. Das Ossobuco mit Gremolada bestreut servieren.
Klassische Beilage dazu ist Risotto Milanese (s. Beilagen S.49).

Tipp: Ossobuco gehört zu den Schmorgerichten, die aufgewärmt noch besser schmecken – das durch die Hitze festgewordene Fleisch entspannt sich und nimmt die Aromen des Fonds auf. Also vielleicht schon morgens fürs Abendessen zubereiten – oder noch besser über Nacht bei Raumtemperatur stehen lassen.

La Carne – Fleisch

ROGNONI DI VITELLO TRIFOLATI

Kalbsnieren mit Pilzen der Saison und Schalotten

Zutaten

2	mittelgoße Zwiebeln
200 g	Pilze der Saison (z. B. Pfifferlinge / Steinpilze / Austernpilze / Champignons)
8 EL	Butterschmalz
2	Kalbsnieren
4 cl	Cognac
	Salz und Pfeffer
2 EL	Petersilie, feingehackt

Zubereitung

Die Zwiebeln pellen, die Pilze putzen und beides in Scheiben schneiden. Die Zwiebeln in 1 EL Butterschmalz anrösten und leicht Farbe annehmen lassen. Die Pilze dazugeben und 2–3 Minuten mitgaren. Die Nieren säubern und in ½ cm dicke Scheiben schneiden. In einer zweiten Pfanne bei starker Hitze im restlichen Butterschmalz braten. Mit dem Cognac ablöschen, diesen verdampfen lassen (Vorsicht, Brandgefahr, besonders bei Gasherden).
Zwiebeln und Pilze daruntermischen und mit Salz und Pfeffer abschmecken. Mit Petersilie bestreut auf Tellern anrichten.
Als Beilage schmeckt Brokkoli dazu (s. Beilagen S. 52).

Tipp: Die Kalbsnieren in Wasser und einem EL Essig für ca. 15 Minuten einweichen lassen. Danach beim Abspülen das Fett aus der Niere entfernen.

La Carne – Fleisch

SCALOPPINA ALLA NAPOLETANA
Kalbsschnitzel überbacken mit Tomaten und Parmesan

Zutaten

700 g	dünne Kalbsschnitzel – 12 Stück
	Salz und Pfeffer
	Mehl zum Wenden
2	Eier
	Semmelbrösel
1	Bund Basilikum
400 g	geschälte Tomaten aus der Dose
	Olivenöl
75 g	Parmesan, gerieben

Zubereitung

Die Schnitzel salzen und pfeffern. In Mehl wenden, Überschuss abklopfen. Eier verquirlen und die Schnitzel beidseitig durchs Ei ziehen. Zuletzt in Semmelbröseln wenden und in reichlich heißem Olivenöl von jeder Seite ca. 1 Minute braten. In eine Auflaufform geben. Die geschälten Tomaten hacken, in Olivenöl anschwitzen, Basilikumblätter zufügen und 3 Minuten köcheln. Diese dicke Soße auf den Schnitzeln verteilen, mit Parmesan bestreuen und unterm Grill ca. 3 Minuten überbacken, bis der Käse zerlaufen ist.

Tipp: Dazu sollten Sie Weißbrot reichen, um die köstliche Soße auftunken zu können. Als Beilage sind natürlich auch Nudeln geeignet, z. B. Penne.
Sie möchten das Gericht einmal mit mehr Gemüse zubereiten? Kein Problem, mischen Sie unter die Tomatensoße feingewürfelte Zucchini oder Paprika, die vorher kurz in etwas Olivenöl angedünstet werden. Mittelmeer-Aroma geben statt Basilikum Thymian, Oregano oder Salbei.

IL DESSERT
Dessert

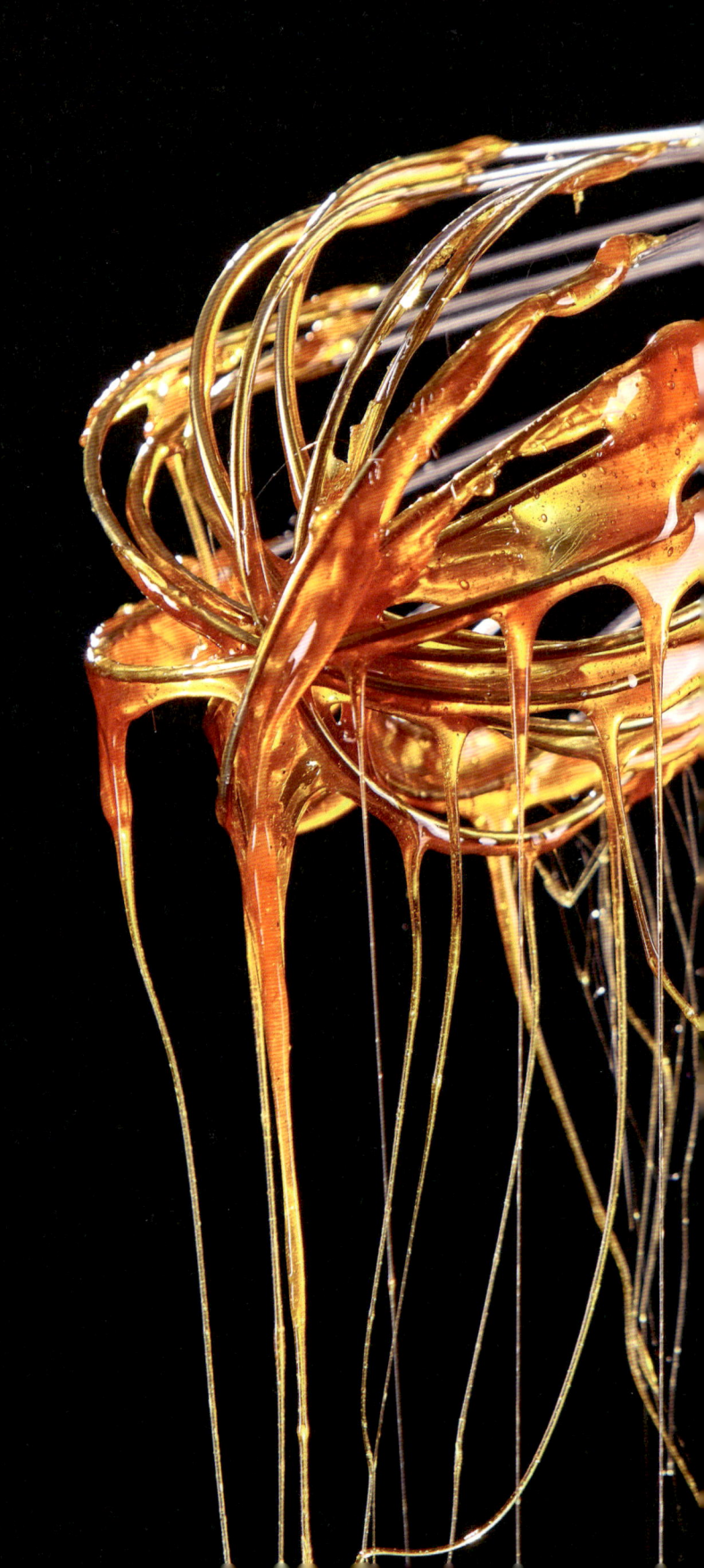

TIRAMISU CON BISCOTTI AL FARRO

Tiramisu mit hausgemachten Dinkel-Löffelbiskuits

Zutaten

Dinkelkekse
- 500 g Dinkelmehl
- 160 g Puderzucker
- 60 g Vanillezucker
- 325 g Butter
- 4 Eier

Mascarponecreme
- 3 Eier, getrennt
- 250 g Zucker
- 500 g Mascarpone (ersatzweise Doppelrahm Frischkäse)
- 4 Tassen doppelten Espresso
- Kakaopulver

Zubereitung

Dinkelkekse: Mehl, Puderzucker und Vanillezucker mischen, die geschmolzene Butter darunter rühren. Zum Schluss Eier zugeben und mit dem Teig verkneten, der in einen Spritzbeutel gefüllt wird und auf einem Backblech etwa 3 cm lang und 2 cm breit verteilen. Bei 180 °C Umluft (vorgeheizter Backofen) etwa 12 Minuten backen. Abkühlen lassen.

Mascarponecreme: Eigelb und Zucker schaumig schlagen, den Mascarpone unterrühren. Das Eiweiß steif schlagen und unterziehen. Den Boden einer länglichen Form mit den Dinkelkeksen belegen, die vorher mit Espresso getränkt werden. Die Hälfte der Mascarponecreme darauf streichen, mit einer Schicht Keksen, die erneut mit Espresso getränkt sind, bedecken, und den Rest der Creme darauf verteilen. Eine Schicht Kakaopulver darüber sieben und einige Stunden kalt stellen.

Tipp: Wichtig ist, dass man für diese kaltgeschlagene Creme ganz frische Eier verwendet. Häufig wird diese Creme auch noch mit einem Schuss Marsala aromatisiert.

Variationen: Das Dessert können Sie ganz nach Gusto immer wieder neu abwandeln; den Espresso mit einem Schuss Kaffeelikör oder Weinbrand verfeinern. Die Creme mit etwas Eierlikör verrühren. Sie wird dann allerdings etwas dünner. Mit frischen Erdbeeren einschichten. Die Creme mit Krokant oder geraspelter Schokolade bestreuen. Wenn Sie nicht zum Backen kommen, können auch fertige Löffelbiskuits verwendet werden statt Dinkelkeksen. Zubereitung ist die gleiche.

Il Dessert – Dessert

CANNOLO SCOMPOSTO
Zersetzte Cannoli mit Ricottacreme und Pistazien

Zutaten

8 Stück	Cannoli-Röhrchen (zu kaufen im italienischen Laden oder im Internet)
400 g	Ricotta
150 g	Zucker
50 g	Pistazien, gerieben
100 g	Zartbitterschokolade, 70 %
100 g	weiße Schokolade

Zubereitung

Ricotta mit Zucker verrühren, eine Nacht im Kühlschrank im Sieb oder Tuch abtropfen lassen, damit es eine feste Konsistenz erhält.
Die helle und dunkle Schokolade separat schmelzen, auf Backpapier Formen nach Wunsch gießen und fest werden lassen.
4 Cannoli auf 4 Tellern mit der Hand zerbrochen verteilen. Darauf die Ricotta-Creme geben und mit den Pistazien bestreuen. Die restlichen Cannoli zerbrechen und zusammen mit den Schokoladenstückchen die Ricottacreme garnieren. Fertig.

Tipp: Statt Ricotta- kann man auch Nougat-Creme nehmen, statt Pistazien Mandeln. Und, wer will, kann es noch zusätzlich mit Früchten der Saison dekorieren.

Il Dessert – Dessert

CHEESECAKE AI FRUTTI DI BOSCO
Cremiger Cheesecake mit Waldbeeren

Zutaten

110 g	Weizenkekse (Vollkorn Digestive oder andere Butterkekse)
45 g	Butter

Crème
400 g	Philadelphia-Käse (Frischkäse)
100 g	Zucker
6 g	Gelatine
250 g	Sahne

Beerensoße
200 g	Beeren (gemischte Beeren oder Himbeeren, am besten sind frische Früchte, es kann aber auch Tiefkühlfrucht sein)
	Saft einer ½ Zitrone
100 g	Zucker

Zubereitung

Die Kekse mit geschmolzener Butter fein zerreiben und zu einem Teig formen. Diesen entweder in kleinen runden Formen (oder in einer runden Backform) etwa ½ Zentimeter dick eingeben.
Für die Crème Frischkäse und Zucker verrühren, die Gelatine einweichen, die Sahne erwärmen – nicht kochen – und Gelatine hineingeben, etwas abkühlen lassen und den Frischkäse zufügen, auf dem Keksboden verstreichen. Ca. 1 Stunde in den Kühlschrank stellen.
Früchte mit Zitrone und Zucker etwa 5–10 Minuten köcheln, bis es eine Fruchtsoße ergibt, durch ein Sieb passieren und abkühlen lassen.
Vor dem Servieren des Desserts die Fruchtsoße auf dem Cheesecake verteilen.

Tipp: Hier können je nach Geschmack auch andere Fruchtsoßen wie zum Beispiel aus Zitronen oder Orangen gewählt werden.

Il Dessert – Dessert

PROFITEROLES CON CREMA DI MASCARPONE
Windbeutel gefüllt mit Mascarponecreme

Zutaten

125 g	Butter
½ TL	Salz
125 g	Mehl
4	Eier

Mascarponecreme

3	Eier, getrennt
250 g	Zucker
500 g	Mascarpone (ersatzweise Doppelrahm Frischkäse)
200 g	Zucker für Karamell

Zubereitung

Butter und Salz mit ¼ l Wasser aufkochen, bis sich die Butter aufgelöst hat und die Flüssigkeit ganz heiß ist. Das Mehl auf einmal hineingeben und rühren, bis sich die Masse als Kloß vom Topfboden löst. Dann nach und nach mit einem Kochlöffel die Eier einarbeiten.
Diesen Brandteig in einen Spritzbeutel mit Lochtülle füllen und auf ein mit Backpapier ausgelegtes Blech walnussgroße Häufchen spritzen. Bei 220 °C (Umluft 200 °C) im vorgeheizten Ofen 5 Minuten backen, dann auf 180 °C (Umluft 160 °C) herunterschalten und ca. 25 Minuten weiter backen. Die Windbeutel sollen zur doppelten Größe aufgehen und goldbraun werden. Die Windbeutel auf einem Kuchengitter auskühlen lassen.

Mascarponecreme: Eigelb und Zucker schaumig schlagen, den Mascarpone unterrühren. Das Eiweiß steif schlagen und unterziehen. Die Mascarponecreme in einen Spritzbeutel mit dünner, langer Rohrtülle geben und die Windbeutel damit füllen, in dem man die Tülle in den Teig sticht. Jeweils drei Stück auf einem Teller anrichten.
Den Zucker in einem kleinen Topf schmelzen und zum Karamell bräunen. Eine Gabel eintauchen und damit über die Profiteroles fahren, sodass der von den Zinken ablaufende Karamell Fäden bildet und die Profiteroles auf diese Weise von einem Netz aus Karamellfäden überzogen werden.

Tipp: Karamell zu Fäden zu „spinnen" ist nicht ganz einfach. Wer mit diesem Dessert glänzen will, sollte vorher schon einmal üben. Geschick und schnelles Arbeiten ist unbedingt erforderlich.

Il Dessert – Dessert

TORTINO AL CIOCCOLATO
Schoko-Soufflé mit flüssigem Kern und Vanilleeis

Zutaten

200 g	Zartbitterschokolade, 70 %
200 g	Butter
160 g	Zucker
40 g	Mehl
4	Eier
	Puderzucker

Zubereitung

Schokolade mit Butter und Zucker im Topf schmelzen. Vom Herd nehmen, abkühlen lassen, Mehl und Eier zugeben, mit einem Zauberstab zu einem Teig vermengen, auf einem Backblech in eingefetteten Förmchen, die mit Mehl eingestäubt werden, einfüllen. Dieses kann man vorbereiten und wenn es serviert werden soll, in einem auf 190 °C vorgeheizten Umluftherd 11 Minuten backen. Aus der Form herausnehmen und auf Dessertteller stürzen, mit Puderzucker bestreuen und warm servieren. Vanilleeis oder auch andere Eissorten nach Geschmack zugeben.

Tipp: Da jeder Ofen verschiedene Kochstärken besitzt, sollte man bevor die Törtchen aus dem Ofen genommen werden, mit einer Gabel kurz einstechen, um zu schauen, ob es gar ist. Die Schokolade muss flüssig und warm sein.

Il Dessert – Dessert

CREMA AL CARAMELLO
Cremiger Flan mit Karamellsoße

Zutaten

100 g	Zucker für die Backform
4	Eigelbe
120 g	Zucker
3	Eier
130 g	Zucker
500 g	Milch
500 g	Sahne
1	Vanillestange

Zubereitung

Den Zucker (100 g) in einem Topf karamellisieren, danach in die Backformen gießen, abkühlen lassen. 4 Eigelbe mit 120 g Zucker aufschlagen, die 3 ganzen Eier mit 130 g Zucker verrühren. Milch, Sahne und Vanillestange im Kochtopf einmal kurz aufkochen, leicht abkühlen lassen, mit beiden Eiversionen vermischen und in die karamellisierten Formen füllen. Im vorgeheizten Backofen (Umluft 160 °C) im Wasserbad (die Creme muss in der Form den gleichen Level haben wie das Wasserbad) 25 Minuten garen. Danach auf 180 °C erhöhen und noch 15 Minuten weiterbacken. Abkühlen lassen, aus der Form nehmen, indem man die Form auf einen Teller stürzt, servieren.

Tipp: Achten Sie darauf, dass das Karamell eine goldbraune Farbe hat, bevor es in die Form gegossen wird. Sonst schmeckt es bitter.

BISCOTTI DELLA TRADIZIONE

Hausgemachte Biskuits aus verschiedenen Regionen Italiens

BRUTTI MA BUONI

Italienische Nussmakronen

Zutaten

150 g	Mandeln, gehackt
150 g	Haselnüsse, gehackt
175 g	Puderzucker
2 EL	Baileys
75 g	Zucker
3	Eiweiß

Zubereitung

Mandeln, Haselnüsse, Puderzucker und Baileys vermischen, das Eiweiß mit 75 g Zucker steif schlagen und unter die Masse heben. Mit Spritzbeutel oder Teelöffel kleine Häufchen aufs Backblech setzen, das mit Backpapier ausgelegt ist. Im vorgeheizten Backofen bei 165 °C Umluft 25 Minuten backen.

Il Dessert – Dessert

BISCOTTI DELLA TRADIZIONE
Hausgemachte Biskuits aus verschiedenen Regionen Italiens

BISCOTTI DI PASTA FROLLA
Kekse mit kandierten Kirschen

Zutaten

125 g	Butter
190 g	Mehl
75 g	Puderzucker
1/2	Eigelb
1	Ei
1 Prise	Salz
	Abrieb einer halben Zitrone
	Zitronenessenz (oder einige Tropfen Zitronensaft)
1 Glas	Kandierte Kirschen

Zubereitung

Butter (Zimmertemperatur) und Puderzucker verrühren bis eine cremige Masse entsteht, das Ei und das halbe Eigelb hinzufügen, dann eine Prise Salz, den Zitronenabrieb und einige Tropfen Zitronensaft (oder Zitronenessenz) dazugeben und cremig schlagen. Zum Schluss das Mehl dazugeben zu einem cremig-festen Teig verarbeiten. In einen Spritzbeutel füllen und in kleinen Stücken auf dem Backblech verteilen. Jeweils mit dem Viertel einer kandierten Kirsche belegen und eine Stunde im Kühlschrank ruhen lassen.
Danach bei 160 °C 12 Minuten im Ofen backen.

Il Dessert – Dessert

BISCOTTI DELLA TRADIZIONE
Hausgemachte Biskuits aus verschiedenen Regionen Italiens

BACI DI DAMA
Damenküsschen

Zutaten

150 g	gemahlene Mandeln (Mandelmehl)
150 g	Mehl
75 g	Zucker
75 g	Rohrzucker
75 g	Butter
1/2	Eiweiß
	Bittermandel (Mandelessenz)
	Zartbitterschokolade 60%

Zubereitung

Butter, Zucker und Rohrzucker zu einer cremigen Masse rühren. Gemahlene Mandeln (Mandelmehl) und Eiweiß einrühren und das Mehl und die Mandelessenz hinzufügen und zu einem festen Teig verkneten. Eine Stunde im Kühlschrank ruhen lassen. Aus dem Teig kleine Kugeln formen und unten platt drücken. Dann bei 160 °C im Backofen zehn Minuten backen. Abkühlen lassen. Die Schokolade im Wasserbad schmelzen und zwischen zwei halbkugeligen Keksen verteilen und diese zusammenkleben.

BISCOTTI DELLA TRADIZIONE
Hausgemachte Biskuits aus verschiedenen Regionen Italiens

MERINGHE
Baiser

Zutaten

4	Eiweiß
250 g	Puderzucker

Zubereitung

Für den Baiser das Eiweiß steif schlagen,
dabei den gesiebten Puderzucker einrieseln lassen.
Das Eiweiß muss ganz fest werden.
Eischnee in einen Spritzbeutel mit mittlerer Sterntülle
füllen und auf ein Backblech kleine Häuflein setzen.
Bei 100 °C zehn Minuten im Backofen backen.

BISCOTTI DELLA TRADIZIONE

Hausgemachte Biskuits aus verschiedenen Regionen Italiens

CANTUCCINI
Mandelkekse

Zutaten

350 g	Zucker
5	Eier
500 g	Mehl
2	Tüten Backpulver
250 g	Mandeln, grob gehackt
50 g	Haselnüsse, grob gehackt
4	Orangen, unbehandelt
1 TL	Zimt
1	Eigelb

Zubereitung

Zucker mit Eiern verrühren, Backpulver und Mehl dazugeben, alles verrühren, Mandeln und Haselnüsse zufügen. Die Orangenschale abreiben, mit dem Zimt zum Teig geben und ordentlich durchkneten. 30 Minuten ruhen lassen. Dann in mehrere Rollen drehen, etwa 2 Zentimeter hoch, mit Eigelb einpinseln und auf Backpapier auf das Backblech legen. Umluftbackofen auf 175 °C vorheizen, die Rollen im Ofen 20 Minuten backen, rausnehmen, die Stangen in schräge Stücke schneiden etwa 1 cm breit. Nochmals 5 Minuten bei 170 °C backen.

GLI APERITIVI ED I COCKTAIL

Aperitifs und Cocktails

Gli Aperitivi i Cocktail – Aperitifs und Cocktails

CLEMENTINO
Unser leichter, fruchtiger und frischer Signature Aperitif

Zutaten

3 cl	roter italienischer Bitterlikör
3 cl	Maracujasirup
2 cl	frisch gepresster Zitronensaft
2 cl	Mandarinensaftpüree
8–10 cl	weißer Prosecco
1	frische Orangenscheibe oder Orangenzeste als Dekoration
Glas	Weißweinglas

Zubereitung

1) direkt in einem Weißweinglas gebaut; roten Likör, Maracujasirup, Zitronensaft und Mandarinensaft in das Weißweinglas geben

2) das Glas zu ¾ mit Eiswürfeln auffüllen

3) Prosecco hinzufügen und mit einem Barlöffel von unten nach oben kurz umrühren

4) eine frische Orangenscheibe als Dekoration ins Glas geben und für einen schönen Orangengeruch eine breite Orangenzeste ausreißen und mit den Fingern über dem Glas und den Rändern auspressen.

Gli Aperitivi i Cocktail – Aperitifs und Cocktails

ITALIAN TRENTASEI

Der hauseigene italienische Twist des Klassikers „French 75";
ein etwas stärkerer, aber dennoch frischer und sommerlicher Aperitif Cocktail

Zutaten

4 cl	Grapefruit-Gin
2 cl	frisch gepresster Zitronensaft
1–1,5 cl	Zuckersirup
2 Dash	Peychaud's Bitters (Enzian-basierter Cocktailbitter, der für eine rötliche Färbung sorgt mit einem leichten süß-würzigen und blumigen Anisaroma)
5 cl	weißer Prosecco bzw. weißer Champagner Grapefruitzeste für den Geruch und eine essbare Blüte als Dekoration
Glas	Coupette

Zubereitung

1) den Zitronensaft, Zuckersirup, Gin und die Peychaud's Bitters in das kleinere Teil des Cocktailshakers geben

2) den Shaker bis zum Rand mit Eiswürfeln auffüllen

3) 10–12 Sekunden kräftig shaken bis der Shaker sehr kalt wird

4) der Drink wird ohne Eiswürfel in einer kalten Coupette serviert, jedoch nur ein einziges Mal mit einem Hawthorne Strainer (ohne Sieb) gefiltert, um kleine Eiswürfelstücke auf der Oberfläche des Drinks zu haben

5) 5 cl Prosecco/Champagner hinzufügen

6) eine breite Grapefruitzeste ausreißen und über dem Glas und den Rändern auspressen für den frischen Geruch und eine Blume als Dekoration auf der Oberfläche des Drinks platzieren

Tipp: den Zuckersirup kann man ganz einfach und kostengünstiger zuhause machen;
dafür braucht man das gleiche Verhältnis von Zucker und Wasser z.B. 1 kg Zucker und 1 l Wasser. Man lässt das Wasser kurz aufkochen und gibt anschließend den Zucker hinein und rührt diesen solange um, bis er sich aufgelöst hat!

GIN MARCO

Die offizielle Eigenkreation von Gianmarco Cotugno;
ein perfekter Aperitif/After Dinner Cocktail für Gin-Liebhaber; fruchtig-würziges und herb-holziges Aroma
mit einer leichten bitteren Note, aber dennoch sehr frisch und angenehm

Zutaten

4,5 cl	fassgereifter Gin
1,5 cl	roter italienischer Bitterlikör
2 cl	frisch gepresster Grapefruitsaft
1,5–2 cl	frisch gepresster Zitronensaft
2 cl	hausgemachter Kardamomzuckersirup (s. Tipp)
2 Dash	Peychaud's Bitters
	einen Stängel Rosmarin für den Geruch und als Dekoration
Glas	Tumbler

Zubereitung

1) den fassgereiften Gin, roten italienischen Bitterlikör, frisch gepressten Grapefruit- und Zitronensaft, Kardamomzuckersirup und 2 dash Peychaud's Bitters in den kleineren Teil des Cocktailshakers geben

2) den Shaker bis zum Rand mit Eiswürfeln auffüllen

3) 10–12 Sekunden kräftig shaken

4) einen Stängel Rosmarin mit einem Flambierer (oder Feuerzeug) räuchern

5) den Tumbler mit einem großen Eiswürfelblock auffüllen und den Drink mit einem Hawthorne Strainer und einem Sieb doppelt filtern und in den Tumbler hineingeben

6) den angeräucherten Rosmarinstängel für den Geruch und als Dekoration in den Drink platzieren

7) eine breite Orangenzeste ausreißen und über dem Glas und den Rändern auspressen

Tipp: (Zuckersirup: Wasser/Zucker im Verhältnis 1:1 (1 l Wasser und 1 kg Zucker); zusätzlich ca. 300 g Kardamomsamen in den fertigen Zuckersirup hineingeben und für mind. 48 Std ziehen lassen, anschließend den Sirup mit einem Sieb filtern)

Gli Aperitivi i Cocktail – Aperitifs und Cocktails

ESPRESSO MARTINI

Unser Twist des Klassikers; ein cremiger Dessert Cocktail nach dem Dinner

Zutaten

5 cl	eines guten hochwertigen Vodkas
2 cl	Espressolikör
2 cl	Haselnusslikör
1	ganzer frischer Espresso (qualitativ hochwertig),
0,5–1 cl	hausgemachter Rohrzuckersirup
3	Kaffeebohnen für den Espressogeruch und als Dekoration
Glas	Coupette

Zubereitung

1) den Vodka, Espressolikör, Haselnusslikör, frischen Espresso und den Rohrzuckersirup in das kleinere Teil des Cocktailshakers geben

2) den Shaker bis zum Rand mit Eiswürfeln auffüllen

3) 10-12 Sekunden kräftig shaken (wichtig; ansonsten entsteht keine feste cremige Schaumkrone)

4) den Drink mit einem Strainer und Sieb doppelt filtern und in eine eiskalte Coupette (ohne Eiswürfel) hineingeben

5) 3 Kaffebohnen für einen Kaffeegeruch und als Dekoration nah beieinander an der Oberfläche des Drinks platzieren

Tipp: Den Rohrzuckersirup kann man ganz einfach und kostengünstiger zuhause machen; dafür braucht man das gleiche Verhältnis von Zucker und Wasser z.B. 1 kg Zucker und 1 l Wasser. Man gibt eine ausgekratzte Vanilleschote hinein. Man lässt das Wasser kurz aufkochen und gibt anschließend den Zucker hinein und rührt diesen solange um, bis es sich aufgelöst hat!

Gli Aperitivi i Cocktail – Aperitifs und Cocktails

NEGRONI

Die Cocktail-Ikone der italienischen Aperitifs; kraftvoll und bitter

Zutaten

- 3 cl London Dry Gin
- 3 cl roter italienischer Bitterlikör
- 3 cl roter italienischer Wermut, Orangenzeste für Geruch und als Dekoration

Zubereitung

1) den Gin, Bitterlikör und Wermut in ein großes Rührglas geben

2) das Rührglas zu ¾ mit Eiswürfeln auffüllen

3) mit einem Barlöffel den Drink in einer kreisenden Bewegung für ca. 30 Sekunden rühren, um die optimale Temperatur und Verwässerung zu erreichen

4) mit einem Julepstrainer den fertigen Drink in einem eiskalten Tumbler mit einem großen Eiswürfelblock geben (Tipp; wenn man nicht die Möglichkeit hat, die Gläser in einem Eisfach vorzukühlen, kann man ganz einfach vor der Zubereitung des Drinks das Glas mit ein paar Eiswürfeln vorkühlen; wichtig hierbei ist es die Flüssigkeit zu entfernen, bevor man den Drink ins Glas abseiht)

5) eine breite Orangenzeste ausreißen und über dem Glas und den Rändern auspressen und anschließend in den Drink platzieren

Tipp: für eine leichtere und weniger bittere Variante unbedingt den Negroni Bianco ausprobieren! Die Prozedur bleibt gleich, allerdings verändern sich die Zutaten;

3 cl London Dry Gin, 3 cl Rosolio Bergamottenlikör, 3 cl Wermut Ambrato

INFINE
Zum guten Schluss

Infine – Zum guten Schluss

I DIECI CONSIGLI DI STRATO
Strato's zehn Empfehlungen

Übung macht den Meister: Wenn euch ein Rezept nicht beim ersten Mal so gut gelingt, wie ihr es euch vorstellt, dürft ihr nicht aufgeben. Nächstes Mal wird das Ergebnis sicher besser sein.

Hochwertige Zutaten sind das A und O für den Erfolg einer Speise. Mein Motto ist hier: Kauft frisch, regional und saisonal sowie bei den besten Händlern für Fisch und Fleisch.

Nase und Gaumen sind zum Riechen und Kosten da. Beim Kochen dürft ihr das Abschmecken nie vergessen.

Kochen ist „Quality Time"! Alleine kochen ist schön, aber es macht noch viel mehr Spaß, gemeinsam zu kochen. Die Kochkunst verbindet Familie und Freunde.

Das Auge isst mit – ein schön angerichteter Teller an einem einladenden Tisch sowie eine gemütliche Atmosphäre runden das ganze Dinner-Erlebnis ab.

Genießt die Zeit beim Kochen: Lasst im Hintergrund eure Lieblingsmusik laufen oder trinkt einen Aperitif oder einen Tropfen von eurem Lieblingswein.

Gutes Essen bringt positive Gedanken. Es tut nicht nur unserem Körper gut, sondern auch unserer Seele.

Das Leben ist viel zu kurz, um immer Kalorien zu zählen: Gebt eurem Dessert seine Wichtigkeit.

Seid stets neugierig. In der Küche hört man nie auf zu lernen: ob es exotische Zutaten sind, kreative Rezepte oder moderne Kochmethoden.

Genießt das gute Essen und die köstlichen Getränke aus vollem Herzen, nicht nur in der Familie, sondern auch mit lieben Freunden und Gästen.

Infine – Zum guten Schluss

I NOSTRI MENU PREFERITI
Unsere Lieblingsmenüs

MENU STRATOLINO
Traditionell und schmackhaft

Negroni
(s. Seite 174)

Gebratene Garnelen mit gemischten Pilzen und weißen Bohnen
(s. Seite 68)

Dünne Spaghetti in leicht pikanter Tomatensauce
(s. Seite 88)

Rinderroulade mit Knoblauch und Rosmarin
(s. Seite 127)

Tiramisu mit hausgemachten Dinkel-Löffelbiskuits
(s. Seite 145)

Bei den Vorschlägen für die 4-Gänge-Menüs
empfehlen wir für die Vorspeise,
die Pasta und das Hauptgericht
jeweils eine halbe Portion pro Person zuzubereiten.
Das Dessert bleibt in der Menge bestehen.

Infine – Zum guten Schluss

I NOSTRI MENU PREFERITI
Unsere Lieblingsmenüs

MENU FEDERICA
Raffiniert und köstlich

Italian Trentasei
(s. Seite 169)

Lachscarpaccio mit Jakobsmuscheln und gebratenem Porree
(s. Seite 64)

Risotto mit grünem Spargel und Trüffel
(s. Seite 95)

Kingfisch in Zitronensauce
(s. Seite 115)

Zersetzte Cannoli mit Ricottacreme und Pistazien
(s. Seite 146)

Bei den Vorschlägen für die 4-Gänge-Menüs
empfehlen wir für die Vorspeise,
die Pasta und das Hauptgericht
jeweils eine halbe Portion pro Person zuzubereiten.
Das Dessert bleibt in der Menge bestehen.

Infine – Zum guten Schluss

I NOSTRI MENU PREFERITI
Unsere Lieblingsmenüs

MENU GIANMARCO
Geschmackvoll und kreativ

Gin Marco
(s. Seite 170)

Gratinierte Kartoffelscheiben mit Asiagokäse und Trüffel
(s. Seite 72)

Mini Rigatoni mit Babyoktopus, Tomaten, Oliven und Kapern
(s. Seite 103)

Ibericokoteletts auf Fenchelsauce
(s. Seite 131)

Cremiger Cheesecake mit Waldbeeren
(s. Seite 149)

Bei den Vorschlägen für die 4-Gänge-Menüs
empfehlen wir für die Vorspeise,
die Pasta und das Hauptgericht
jeweils eine halbe Portion pro Person zuzubereiten.
Das Dessert bleibt in der Menge bestehen.

I FOTOGRAFI
Fotografen

HENDRIK KOSSMANN
Geboren am 25.01.1958 in Berlin
1978–1981: Ausbildung zum Fotografen bei
Studio Ohlenforst in Düsseldorf
1981–1983: Freie Fotoassistenz in Hamburg
1983–1988: Junior-Fotograf bei Reinhart Wolf in Hamburg
1989-2011: Selbstständiger Fotograf
im Medienbunker Heiligengeistfeld
Seit 2011: Selbstständiger Fotograf in Hamburg-Eimsbüttel
Seit 2019: Teilhaber des Studio Kossmann / Plutat

MALTE PLUTAT
Geboren am 22.06.1986 in Hamburg
2010–2013: Ausbildung zum Fotografen
bei den Westermann Studios
2013: Selbstständiger Fotoassistent in Hamburg
2014–2016: Assistent bei Uwe Düttmann
Seit 2016: Selbstständiger Fotograf und Fotoassistent
Seit 2019: Teilhaber des Studio Kossmann / Plutat

GLI AUTORI
Autoren

STRATO COTUGNO
Geboren am 20.05.1963 in Neapel
1980–2010: Chefkoch im L'Europeo
1999: Veröffentlichung des 1. Kochbuchs „La Cucina Tipica"
2000: Mitinhaber des ehemaligen Morellino
2010: Inhaber des il Cantuccio in Winterhude
2017: Inhaber des il Cantuccio in Eppendorf

FEDERICA COTUGNO
Geboren am 28.08.1990 in Hamburg
2011–2014: Bachelor of Arts in International Business Management
an der EBC Hochschule in Hamburg
2013: Auslandssemester am Berkeley College in New York City
2015–2016: Master in Marketing & Service Management
an der Federico II in Neapel
2017: Buchhaltung und Marketing für das Ristorante il Cantuccio
2019: Gesellschafterin der il Cantuccio KG und
Verantwortliche für die „il C Bar"

GIANMARCO COTUGNO
Geboren am 20.06.1995 in Hamburg
2017–2020: Bachelor of Arts in Business Administration
an der Hochschule Fresenius in Hamburg
2019: Auslandssemester am Berkeley College in New York City
2020: Praktikum in einem Startup für Corporate Finance in Rom
2021: Barchef der „il C Bar"
2023: Gesellschafter der il Cantuccio KG

LA DEDICA
Widmung

Ich widme dieses Buch meiner Schwester Luisa.
Ohne deine endlose Liebe wäre ich heute nicht, der ich bin.

Und an meine Enkelin Camille.
Ohne dich würde ich nicht so lebensfroh in die Zukunft blicken.

I RINGRAZIAMENTI
Danksagung

Vielen Dank an meine Familie, an meine Freunde und an meine Gäste, die meine Leidenschaft fürs Kochen grenzenlos unterstützt haben und mich seit Jahren treu begleiten.

Vielen Dank an Antonella, die Mutter meiner Kinder. Du warst sowohl privat als auch geschäftlich eine Stütze in meinem Leben und hast mich immer ermutigt, meinen eigenen Weg zu gehen. Ohne dich wäre ich nicht so weit gekommen.

Vielen Dank an meine Kinder Federica und Gianmarco. Ihr gebt mir die Kraft, ein besserer Mensch zu sein. Euch an meiner Seite zu haben, ist die größte Freude.

Vielen Dank an meine Partnerin, Natalia. Du gibst mir Halt und Liebe.

Vielen Dank an mein Arbeitsteam vom il Cantuccio, für eure unermüdliche Arbeit und euren Einsatz.

Vielen Dank an Manfred Bissinger für das liebevolle, erklärende Vorwort und für den langjährigen Support.

Vielen Dank an die Zusammenarbeit mit Hendrik und Malte von Kossmann & Plutat. Die Fotoshooting-Tage mit euch waren ein wahrer Erfolg.

Vielen Dank an Marita und Gerd vom Ellert & Richter Verlag, die erneut an mich und an mein Buch geglaubt haben.

IL REGISTRO DELLE RICETTE
Rezeptregister

A
Auberginenauflauf 71

B
Baiser 160
Beerensoße 149
Bohnen, weiße 54
Brokkoli 52
Brotteig 44
Bruschetta mit Burrata, Paprika
　und Forellenkaviar 76

C
Cannoli, zersetzt, mit Ricottacreme
　und Pistazien 146
Cheesecake, cremig,
　mit Waldbeeren 149

D
Damenküsschen 159
Dinkelkekse 145

F
Fettuccine mit Burrata und
　gebratenen Artischocken 100
Fischtopf, toskanisch 120
Fischfond 45
Flan, cremig, mit Karamellsoße 154
Fusilli mit Pesto Genovese
　und Pinienkernen 91

G
Garnelen, gebraten, mit gemischten
　Pilzen und weißen Bohnen 68
Gemüsebrühe 46
Gremolada 135

K
Kabeljau mit Tomatensoße,
　Oliven und Kapern 119
Kalbsfleisch mit Thunfischsoße
　und Kapern 83
Kalbshaxe, geschmort,
　mit Gremolada 135
Kalbsleber mit karamellisierten
　Feigen 80

Kalbsnieren mit Pilzen der Saison
　und Schalotten 136
Kalbsschnitzel überbacken mit
　Tomaten und Parmesan 139
Karamell 150
Kartoffelpüree 52
Kartoffelscheiben, gratiniert,
　mit Asiagokäse und Trüffel 72
Kekse mit kandierten Kirschen 158
Kingfish in Zitronensoße 115
Koteletts (Iberico) auf
　Fenchelsoße 131

L
Lachscarpaccio mit Jakobsmuscheln
　und gebratenem Porree 64
Linguine mit Meeresfrüchten 92
Linsen 51

M
Mandelkekse 161
Mascarponecreme 145, 150
Mayonnaise 50
Meeresfrüchte, sautiert,
　in Weißweinsoße 63

N

Nussmakronen, italienisch 157

O

Oktopustentakel mit frittierten
    Zucchini auf Provolonesoße 67

P

Paccheri mit Vesuvtomaten,
    Salsiccia und salziger
    Ricotta 96
Pastateig 44
Pesto 51

R

Rigatoni (mini) mit Babyoktopus,
    Tomaten, Oliven und
    Kapern 103
Rinderroulade mit Knoblauch
    und Rosmarin 127
Rindfleisch-Tagliata mit
    Gorgonzolasoße
    und Pistazien 132
Risotto Milanese 49
Risotto mit grünem Spargel
    und Trüffel 95
Rosmarinkartoffeln 53

S

Salat mit Soße 55
Salsa Verde 48
Schoko-Soufflé mit flüssigem
    Kern und Vanilleeis 153
Seeteufel mit Pimientos und
    Tomaten 108
Soße, pikant 128
Spaghetti Cacio e Pepe mit
    frittierten Auberginen 99
Spaghetti (dünn) in leicht
    pikanter Tomatensoße 88
Spinat mit Knoblauch 54
Steinbutt in Kartoffelkruste 111
Stubenküken nach Teufelsart 128

T

Thunfisch-Sashimi in Sesamkruste
    mit Avocadocreme 112
Thunfischtartar mit Avocado und
    Süßkartoffelpommes 60
Tiramisu mit hausgemachten
    Dinkel-Löffelbiskuits 145
Tomatensoße 47

Teig, siehe Brotteig; Pastateig 44

W

Wachteln auf Linsensalat
    mit Balsamico 79
Windbeutel gefüllt mit
    Mascarponecreme 150
Wolfsbarsch (wild) in Brotkruste 116

Z

Zucchini 53
Zucchiniblüten, frittiert und
    gefüllt mit Ricottakäse 75

GLI APPUNTI
Notizen

GLI APPUNTI
Notizen